あしたの世界

船井幸雄・池田邦吉

明窓出版

☆あしたの世界・目 次☆

第二章　超資本主義

第三章　心を科学することはできるのだろうか

#『あしたの世界』出版に当たって　船井幸雄

（二〇〇四年二月六日　熱海市の自宅で）

私は、本書の共著者の池田邦吉さんが大好きです。彼は建築士としても超一級の天才ですが、ノストラダムスの預言詩の解読でも天才的才能を発揮しています。

すなおで明るく、決してくじけない彼を私は高く評価しております。

ところで、本書の内容は、昨年（二〇〇三年）八月から昨年末まで、彼の「ノストラダムスの預言詩の解釈」についての私とのやりとりを、ありのまま彼（池田邦吉さん）が、まとめてくれたものです。

正直すぎるくらい正直に書かれています。

本書をお読みいただきますと、私が世の中の動きをどのようにとらえているか、どのような思考法の持ち主かが、よく分かると思います。

本書の中の文章で、私が直接ペンを持ったのは、この「『あしたの世界』出版に当たって」という文章だけですが、その方がよいと私が判断したくらい池田邦吉さんのとらえ方、まとめ方は正確でした。びっくりしました。

私は本書のゲラを二月四日の朝に、はじめて読みました。そして校正をしました。

その後、二月四日、五日と京都で、私が主宰しております「直感力研究会のスタディツアー」を行っていましたので、それに参加し、昨日おそくに帰宅、いま二月六日の早朝ですが、自宅書斎でペンを走らせはじめました。

今日は池田邦吉さんの誕生日です。この日の朝、この文章を書いているのも、私と彼には何かの因縁があるのでしょう。

ところで昨日、直感力研究会のメンバー数十人と亀岡の大本教本部の天思郷を訪ねました。

その時、参加者の一人に、突然「うしとらの金神さん」という神様が神がかったのです。

神がかられた方は女性でしたが、威厳のある男性の声で、約三〇分、主として私に対し、「このままでは地球と人類が危うい。だから、このようにしなさい」と話してくれました。

そこにいた人は、みんなびっくりしました。

「ここに出口なおさんが一緒にいる。彼女は天保七年、一八三六年に福知山で生まれ、夫、まさごろうさんとの間に8人の子供をつくり……」からはじまったのですが、私も、神がかられた彼女も知らないことが、つぎつぎと語られました。後で調べて、そのとおりのことだったので、よりびっくりしたのですが、「うしとらの金神さん」も、われわれの将来を心配し、よい未来のために「このようにしなさい」と教えてくれたものと思われます。

ともかく本書を熟読してほしいのです。よい本だと思います。

それとともに、私の最新著の『イヤシロチ』（二〇〇四年二月、評言社刊）を併読していただけるとありがたい……と思っています。

本書内の池田さんの解釈は解釈として、私の研究からみて、私はわれわれの近未来に、希望を持っています。それを本書と『イヤシロチ』の二書でお知りいただき、その後は読者の皆さまなりにお考えいただき、よいと思う方へ行動してくだされぱいいと考えています。

多分、すばらしい近未来が訪れるでしょう。

私ごとですが、先月、熱海に転居しました。まだ落ちつかず、ゆっくり文章を書いている時間が取れません。

それゆえ、本書も池田さんの「まとめられたまま」で皆さんに読んでいただくことになりました。

その点も、よろしくご了承ください。

われわれにとっても地球にとっても、すばらしい近未来が到来することを確信して、ペンをおきます。

はじめに　池田邦吉

預言書の研究を始めて十一年になる。新世紀には真に一人ひとりがどう生きていきたいかという基盤の上に社会が形造られると書かれてある。本当の民主主義の時代が出現すると言う。その新世紀に入って既に三年目が経過しようとしている今日、世界と日本を見回してみると、平和は僅《わず》かにあるけれども、戦いの隙間の中に隠れ、肩身の狭い思いをしているように見える。１９８９年に東西冷戦構造が終り、いよいよ平和の時代到来かと思えた。しかし平和の配当は一向に得られず、代わって民族紛争が一斉《いっせい》に芽吹き、その背後には宗教戦争が裏打ちしているように思え、正義の戦争を装う衣《ころも》の下には、資源争奪《そうだつ》と世界一極支配を目指す鎧《よろい》が見える。今は世界一極支配に反旗をとなえるテロが全盛の時代。

平和は平和を愛する者によってのみ得られ、自称平和主義者のように戦争を憎む者に平和は来ない。憎しみは憎しみしか呼ばないからである。その真の平和は大自然災害の後にやってくると預言書は語る。大自然災害とは、信じられないような大洪水、その反対に高温と大旱魃《かんばつ》、火山の爆発と大地震、世界を被う食料飢饉、疫病。ヨーロッパと北アフリカ、中近東が乗る地殻《ちかく》（プレート）が崩壊してやっと本当の平和が世界に訪れると言う。この三年間、すでにその兆候のいくつかが現われている。異常気象は年々激しさを増し、一向に衰える気配を見せない。この分だと、2004年だけ平年の天候になるなどということは到底考えられない。むしろ、この三年間に起こった異常気象を全部足し算してなお足らないほどの異常気象が世界中に起こると覚悟していたほうが良さそうだ。その結果、穀物はとれず、備蓄も底をつき、食料は高騰すると預言書は述べる。しかし、どういうわけか日本は大丈夫という。なぜだろう。

1995年1月17日の阪神淡路大震災以降、地震の規模が年々大きくなっている。土木建築の耐震基準は日々更新され続け、安全基準の策定が追いつかなくなってきている。これは日本だけの問題ではなく、世界中に起こっている現象である。地球がかつてないプレートの活動期に入っているらしいが、空しい不安で皆がそのことに触れようとしない。

私は、本格的に預言の研究を始める直前まで建築の設計事務所を営んでいた。設計の仕事が楽しくてそれが唯一の趣味でもあった。まったくの技術屋として、宗教など入ってくる余地はなく、従って興味が湧かないのでそちらの方の勉強は皆無であった。その状態は設計事務所を辞めた今でも変わらない。宗教には興味がない。しかし、預言書の中に「創造主」なる神が現われると書かれている。書かれている以上は翻訳し、発表せざるを得ない。その時期は預言書の主役たるベスビオ火山が大爆発をする、その直前とまではわかった。が、その主役は未だに眠ったままで、いつ活動を始めるのか特定できないまま今日に至った。

「創造主」とは、宇宙を作り、銀河系を作り、太陽系を生み出し、この地球という惑星を作り、万物を作り出した大元の神のことで、神々をさえ作り続けている。日本にはこの創造主という概念がほとんど無い。日本最古の文献たる古事記、日本書紀には、神々の名前がずらっと登場し、八百万《やおよろず》の神々の活躍が描かれている。それはちょうどギリシャ神話に描かれている神々の活躍とも似ているところがある。日本には八百万の神々がいても「創造主」という考え方は見出せない。それはそれで良いのだと思う。大自然を慕い、人間はその一部だと感じる感性は確かに、神と一体だと感じていることと同じはずであるから。

物証のない事については人に言うべきでないということは物心ついてからずっとわかっていた。言えば気狂い扱いされるか、嘘つき呼ばわりされるか、あるいは詐欺師にされかねない。従って、宇宙の真ん中にある神々の世界へ行ってきた話など、結婚しても家族にさえ言わないでいた。ところが、故関英男博士が運営していた、今はなき加速学園に通い始めるや「深宇宙探訪記」という本を渡され、その本の中のメンバーに自分が居たということを発見し、そのことを白状せざるを得なくなってしまったのである。創造主の姿を見、預言書にそれが現われることが書かれているらしいと読みとって、ついに黙っているわけにはいかなくなった。

預言書によると、創造主が現れる年、同時に巨大な宇宙船がイタリアに現われ、大災害に遭っている人々を救助し始めるという。それは宇宙文明の始まりを意味する。縁あってそれから後「深宇宙探訪記」の著者たるカナダ人のオスカー・マゴッチを案内して船井先生の応接室を訪れたのは１９９７年4月であった。マゴッチは宇宙船のパイロットでもあるが、どこにでも居そうなオッサンという感じで地味な男である。以来、船井先生と私との繋がりができた。

先生は経営のプロだが、経営者のために奇数月に「本物研究会」を、偶数月には「直感力研究会」を主宰しておられる。毎年のようにそのどちらかに招かれて講師を勤めさせていただいていた。私の場合、題目は常に同じで「ノストラダムスの最新研究」である。そこで発表していた解読結果はいつも、言った年には現われず、数年たってから現象として見えるようになる。どういうわけか。

大災害が過ぎ去って平和の訪れと共に、日本が象徴天皇制の下《もと》、世界のリーダーになると言う。飢饉の回避の件も含めて、なぜそうなるのか、具体的な何らかの秘策を船井先生は知っておられるに違いないと思い、「ふと」話を聞いてみたくなった。

２００３・11・20記

第一章　預言書によると

一——一枚のレポート

2003年10月19日、穏やかな日曜日の朝を迎えた。その前週に今年3冊目になる原稿を仕上げて出版社に渡し、余勢を駆って4冊目の準備に入っていた。心にちょっとした余裕が生まれていた。いつものように朝刊を手にとった。その途端、目が釘付けになった。見出しに「穀物　世界で収穫減」とある。こんな話は預言書を本格的に研究し始めて以来、一度もなかったと記憶している。どこか一国で収穫減になっても他国で豊作があり、これまでは何とか需給バランスがとれていた。このレポートは米地球政策研究所理事長のレスター・ブラウン氏によって書かれている。記事の冒頭に「今年の世界全体の穀物収穫量は消費量を九千三百万トンも下回り、穀物備蓄量は過去三十年間で最低の水準に落ち込んでいる」と言う。その原因については2000年来続いている世界的異常気象にあることは本文をいちいち読まなくても明らかである。「来年もし、この異常気象が続けば、来年の今頃には世界の穀物市場は大混乱に陥り……後略……」とレポートは続く。この大変ショッキングなレポートを掲載したのは読売新聞である。

預言書に世界的食料飢饉の話があり、その原因は異常気象によるとはっきり書かれている。この件については1995年に最初に出版した私の本にも書いたし、続いて出版した多くの研究書にも書いてきた。しかし、その具体的年号の解読結果は今日まで遂に失敗の連続であった。「○○年に起こる」と書くと必ずはずれた。この件についても読者には常に迷惑をかけてきた。世界にはいくつかの国で食料飢饉が起きているが幸いなことに日本にはそれが起きなかった。しかし、世界の穀物備蓄量が過去三十年来最低で、しかも2004年の前半に穀物不作になった場合、世界人口の約一割は食べ物が無い状態になるという話は預言ではなく、もはや予測の段階に入った事を示しているのである。これは極めて重大なデーターである。と言うのはその世界的食料飢饉が始まる年は、イタリアにあるベスビオ火山がその有史以来最大の爆発をする年であると預言されているからである。

2004年から天候は正常に戻るだろうか。もしそうならば飢饉の件は単なる私の危惧《きぐ》にすぎない。しかしこの10年ほどの間、世界の気候について記録を取り続けてきたが、異常気象は新世紀に入って衰えるどころか毎年その激しさを増し、日ごとに記録を塗り変えているのである。高温と旱魃、その反対に冷夏長雨、台風やハリケーンは毎年その大きさを増し、あり得ないはずの気候が世界中に起こっている。その原因についてはエル・ニーニョ現象が起こるとその所為《せい》だと言い、それが納まると今度はジェット気流の蛇行《だこう》だと言われる。ところが、エル・ニーニョ現象にせよ、ジェット気流の異常蛇行にせよ、その原因については皆、黙して語らず。要するに異常気象の真因は誰にもわからないということである。従って2004年も異常気象がよりいっそう激しくなると想定して何らかの対策をしておいた方が良いということになる。

そこで10月19日の読売新聞レポートを元に預言書との関連をメモにして、これを数人の熱心な読者に郵送した。中に船井幸雄先生がいた。先生は京都大学の農学部出身で、農業対策について妙案をお持ちであった。それを発動させる時期に来ていると思ったのである。新聞記事のこととて、すでにご存知かもしれない。しかし超お忙《いそがし》氏の先生のことゆえ、うっかり見落とされていることもあり得る。そこで念のため記事とメモを郵送しておくことにした。すると翌日にはFAXが入り「参考になります」とあった。いつものように早朝で、外はまだうす暗い時間帯である。実際のところ、少しは叱られるのではないかと覚悟していた。この記事のことではなくそれ以前の問題についてである。

'03年に入って、ベスビオの活動がこの年らしいと思える数詩が見つかっていた。そのことで明窓出版から初めての本が出版されていた。そのことについて、8月21日に船井先生が主催する「直感力研究会」で講師を勤めていた。その席上、活動の始まりの数日前ということを強調していた。ところがこの年は何もおこらず、またしても空振りに終っていた。そのことで「またはずれたではないか」と叱られると思っていた。早朝のFAXにはそのことが何も書かれていなかったので、とりあえずホッと安堵した。しかしこれは甘い観測であったと後でわかってくる。しかも船井先生は8月下旬からこの頃までの極めて短期間に三冊の本を出版されており、内容はじつに、私の研究と浅からぬ関係にあったのである。その件について本著で言及したいと思う。

一―二　大変化の時代へ

預言書の主役が何年に登場するのかについて解読は暗礁に乗り上げたままに、明窓出版からは三冊目の本が完成に向かいつつあった。そこでは主役登場の年を２００X年と書き改めた。こうした表現はこの号が初めてであった。ただ、ベスビオが活動する年には、その直前に世界がどんな情況になっているかということについてはほぼ理解できるところまで来ていた。その件を列挙すると以下のようである。

①その年は日本がデフレ下にある。
②イラク戦が続いているが、親米政権が生まれる年である。
③テロが全盛の年である。
④北朝鮮が極度に衰退期にある。

⑤異常気象が続き、世界は食料飢饉の一歩手前まで来ている。しかし日本は大丈夫である。
⑥その他

これで分かるように①から⑥まで全てのカードが出そろっている。この内の一つでも欠ければベスビオが活動を始める年ということにならない。そこで船井先生にお聞きしようと思っていたのは①と⑤との件である。前節で述べたように船井先生は農業に関して妙案をお持ちである。①のデフレについて、船井先生はその対策を何かお持ちであろうか。仮に日本が'04年前半にデフレを克服できれば、以後、預言は成就しない可能性が出てくるのである。

①から⑤までの現象について預言詩との関連については「21ノストラダムスNo.1」に詳しく書いたのでここでは省略するが、②のイラク情勢について少し説明を加えることにする。

2003年3月20日に始まった今回のイラク戦では、親米政権樹立によって幕が引かれると預言されている。その時期はベスビオが活動を始める頃と考えられる。それ以降、アメリカとイラクとの戦いは無いらしい。この原稿を書いている時点では、2004年の6月までにそれをなしとげようという目標が掲げられている。ブッシュ政権は'04年の秋に大統領選挙を控えており、再選されるためには、この戦争を何とか終わる必要に迫られているのである。5月の「戦争終了宣言」以来、日々、イラク国内のテロ活動が激しくなっており、3〜4月の戦争による死者よりも現在の死者の方が多くなっている。早く占領政策を終らせないと、犠牲者は増すばかりで、秋の大統領選における再選は非常にむずかしい世論になっている。従って、どうしても親米政権を早く作動させないとならないので、この目標は達成されるにちがいない。しかし、親米政権樹立後においても、完全撤退はあり得ないとブッシュ大統領は述べている。しかしその秋のヨーロッパにおける大事件によって、ほぼ完全にイラクから手を引かざるを得なくなると考えられる。そしてその時期を境としてテロもなくなっていくようだ。2001・9・11のニューヨークテロ首謀者、ウサマ・ビン・ラディンが捕らえられ死を迎えると預言されている。その時期はちょうど、ベスビオが大爆発をする頃と一致している。

④の話は多くの説明を要しないであろう。北朝鮮は食料飢饉によって内部崩壊すると預言されているが、刻々とその時を迎えつつあるように見える。

⑥のその他とした件は大部分が異常気象の話と思われる。例えば、イラン等、中近東の砂漠地帯に大洪水があると言う。その時期がはっきりわからないけれども、「長雨」とあることから、7月から8月上旬にかけて、砂漠に雨という事態があらわれるのだろう。ヨー

ロッパは、南部では高温旱魃、北側は長雨という正反対の気候が同時に進行するものと思われる。日本について推測すれば、長雨で台風が多いと考えられる。いずれにせよ、ヨーロッパも日本も農業が困難という事態であろう。つまり、前節のレスター・ブラウン氏のレポートの件に話がもどってしまう。そこで仮に、ベスビオ活動の始まりが、'04年8月下旬として、その時世界がどんな情況に直面することになるかといえば、それは「世界恐慌」である。にもかかわらず日本は大丈夫らしい。なぜだろう。五千社を超える企業のコンサルタントとして、船井先生はこの件でどのように考えているだろうか。

イタリアの小さな火山の活動は日本には一切関係ない。しかし、イタリア全土を崩壊《ほうかい》させるほどの前震があり、これは経済活動の停止を意味する。今、ヨーロッパはユーロ・ドルという共通の貨幣制度の下にあって、先進国の一員たるイタリアの崩壊は全ヨーロッパの資本主義を崩壊せしめるであろう。いわば連鎖反応というものである。コンピューターが発達した今日、数千兆円にものぼる資金はその投機先を求めて、日々、一夜にして世界をかけめぐっている。ヨーロッパの破産は世界にあっという間に広がることになり、日本だけが無事などという事はとうてい考えられないところである。このことについても、船井先生は何か秘策をお持ちだろうか。聞いてみたい質問の一つである。株式市場等を一時的に休みにしてしまうということぐらいはできそうな気がするが、これは私の素人考えである。ニューヨークテロが起きようがイラク戦争が始まろうが、市場は休みなく動いてきたのである。

異常気象や火山活動、あるいは地震が資本主義を崩壊させると言ったら皆んなに笑われるにちがいない。「そんなバカな」と一蹴されるであろう。しかし、非常に長いスパンの時間割で見ると、文明の盛衰の発端《ほったん》は、旱魃や大洪水、地震による崩壊が原因になっているのである。「なんだそんな事か」と科学者は言うであろう。「そんな事なら科学の力で克服してみせるよ」と。しかし、一万年に一度あるかないかの大自然災害に対して、科学者はいったい何ができると言うのであろうか。経験したことのない事態に対して科学者ほど保守的な存在というのは無い。これほど無力な人間というのは無いといっても良い。経験則にのみもとづいているのが科学者の生き方なのである。大きな自然災害が起こった後で、分析するのが得意な方々ではある。「こんな大洪水がおこるとは予測不可能であった」と意見の一致を見るのは火を見るより明らかである。

今、我々は文明の交代時期の真只中にある。大きな変化の時に入っている。古い体質を改めて新しい文明に向かわなくてはならない。その新文明の在り方について、あるいは新しい技術について船井先生はこれまでとは違った本を書き始めている。きっと、新文明をイメージしているにちがいないと思える。

預言書によると、新文明の第一歩は「宇宙文明」との接触から始まるらしい。地球外生命体（ETと言う）との交流の始まりである。

一―三　新文明の到来

新文明は資本主義の崩壊と引き替えに突然、到来するように見える。歴史はいちおう連続しているものの、現文明と新文明との間には非常に大きな違いが生じると考えられる。その新文明に対応する先端技術や物事に対する考え方はすでにあらゆる分野にはっきりと現われている。今のところ、それらがまだ少数派であったとしても、事態急変すればただちに主役におどり出る可能性はおおいにある。科学技術について言えばたった一つの技術を除いて、ほとんど全ての先端技術はすでに存在しているか、もしくは卵として生まれていると考えられる。今のところ、存在していない科学技術、たった一つの技術は「重力コントロール」である。重力は、重力子（グラビトン）によって発生すると考えられているが、それが何であるか今日まで不明のままである。あらゆる乗物は慣性力によっており、重力コントロールによってはいない。

一方、地球外の惑星、それは我々の太陽系外の惑星であるが、そこには地球人と同じ形の人間（ヒューマノイドタイプと言う）が住んでおり、重力コントロールによる乗物が主体になっている。地球人がUFOと呼ぶ物は宇宙船のことである。

預言書によると、ベスビオが大爆発をする当日、地球外生命体による超大型宇宙船がイタリア上空に現われて、災害に遭っている人々を救助するらしい。これが最初の大変大きな宇宙文明との接触ということになる。少なくとも今次文明にとっては「最初の」と言ってもよいであろう。その場面を待たなくても、個人的レベルでは、すでに宇宙人に出会っている地球人というのは少なからずいると思われる。しかし、そんな認識がまるっきり無いというのは、その宇宙人達が地球人とまったく同じ姿形をしているからである。話は逆かもしれない。地球人は元々宇宙人であったと。

ほとんどの人々は、人間の発生の原点はこの地球上にあって、他の惑星には人間は住んでいないと考えている。人間は猿の近縁種であり、自然発生的にこの地球で生まれたと信じられている。その根元はダーウィンの進化論にある。人間はその昔、猿から分かれたとする進化論は大間違いである。何故ならば、猿はあと何万年進化しても猿のままであるからである。全ての生命体に共通する単細胞はこの地球上では何億年も前、偶然に生まれたとダーウィンは考えた。しかし単細胞が偶然に生まれる確率は無限に無限に0《ゼロ》に近い。その証拠に世界中の科学者は誰も単細胞一つさえ作れていないのである。科学万能というこの時点でさえ、科学者は生命体の一かけらも設計できていない。

「誰かが作った」と考えればこの問題は一挙に答えが見つかる。地球人は他の惑星から来たのかもしれない。惑星というのは寿命があって、最後には冷えて縮まり、生命体を生み出す母体にはなれない。しかしそれまでの間に文明は高度に発達し、他の惑星を探しに出かけるということになる。かつて火星がそうであったように、太古、ある惑星から、人間が住める星を求めて探検隊が出発し、この太陽系第三惑星を発見した。そこに降り立ったのが地球人の元祖であったとしよう。その探検隊には太陽系外の惑星を発見できた部隊もいて、彼らはその惑星に降り立ったとしよう。つまり、ある一つの惑星から脱出できた人々の内、地球に下り立った人々が地球人で、他の惑星に行ったのが宇宙人としてみる。

この一万年ほどの間、地球人は戦争ばかりしていて、文明の進化は緩やかであった。しかし、外の惑星に行った別の人々は、そこで順調に文明を発達させ、そこからさらに銀河系を行き来できるところまでになっていった。その人々のことを地球人は宇宙人と呼ぶ。しかし元々は同じ人種なのである。その宇宙人から重力コントロールの技術を教わると、この地球文明は突然変わり得ると考えられる。ではなぜ彼らは今、そうしないのかと多くの方々は疑問を持つであろう。

それは、宇宙間には互いに守るべき法則がある。その一つが「不干渉の原理」である。

他人の家にはその家のルールがあって、他人はその家に干渉しないのと同様、地球人には地球人同士のルールがある為、地球外生命体は地球には干渉しない。しかし、中には許されるルールがある。それは啓蒙活動である。例えば、この地球環境をより良く保つにはどうすべきかといった件についてアドバイスをすること等。

もう一つ例外規定があって、地震や大洪水等、大自然災害が発生し、地球人が滅亡しかねないような情況が生まれた場合には援助するというものである。しかしそこにもルールがあって、救ける価値がある者のみという話がある。その前に創造主の許可が必要であるが……。

そんな大災害＝悲劇が起きる前に、平和裡《り》に宇宙文明に入りたいと思う。しかしそうはならないであろう。というのは未だに戦争が絶えないからである。進歩した技術を持っている側が、戦争当事者のどちらか一方に加担するということはできない。

「その戦争を終らせる者が現われる」と預言書は述べる。一万年に一度あるかなきかの世界的大洪水とイタリアの火山の大爆発、それに続く地殻変動である。それらの全てに日本は直接的には関係しないらしい。預言書を読む限りでは、人間同士で話し合って戦争を止めるということはできないようである。大自然に意志があるとすれば、その意志こそが、人間の愚行《ぐこう》にストップをかけるという話に要約される。その大自然の意志というのは、この地球を創造した者の意志というように考えられる。しかし、唯物論者《ゆいぶつろんしゃ》というのはそう言った自然の意志など認めない人々であり、ダーウィンはその典型的な科学者、というより愚者である。それはカール・マルクスと同じ系列の人間である。

一―四　一通のFAX

レスター・ブラウン氏のレポートを友人達に回覧している間に一週間がアッという間に過ぎ去り、また日曜日（10月26日）が巡ってきた。その夜、九州の読者から一通のFAXが入った。内容は本の紹介であった。題は『ちょっと話してみました』となっていて船井幸雄・浅見帆帆子共著（グラフ社）の対談集であった。FAXはその本の一頁を示しており、そこには船井先生の話が載っていた。

「日本は守られているようですよ。わたしの友達に、日本一のツーバイフォーの建築家で、池田邦吉さんという人がいます。10年ほど前に突然本業をやめてしまって、ノストラダムスの研究に打ち込み出した人なんです。何冊か本を出しましたけれど、彼の書くことがほとんどずれるのです。

ところがね、二～三年前に気付いたんだけど、彼が一九九九年に起こると言ったことが今年起こるというふうに、二～三年ずつずれて起こる。時間を読み違えていたようです」と121頁に示されていた。その次の頁には今年、明窓出版から本が出された話にも触れられていた。

見事に「時間のずれ」を指摘されておられる。それこそ、私が最も気にしている点であり、同時に預言書解読に関して最も時間を割いている重大なテーマであった。出版される本の中でノストラダムスの話を船井先生が語ったということは過去にも記憶がない。つまりこれが初めての公式見解ということになる。そこで『ちょっと話して……』を読みたくなった。翌日、近くの本屋を数軒探し廻ったもののすでに売り切れになつていた。東京の大書店になら置いてあるにちがいないが、一冊の本のためにだけわざわざでかけるのも問題であった。ところが、その時、ふと29日（水）に池袋で人に会う予定があることを思い出した。ヒーリングの予約が入っていたのである。私のヒーリングは〝手翳《てかざ》し〟のため場所を選ばない。喫茶店だろうとレストランだろうとどこでも良い。極端な話、路上で立話をしながらでも良い。ただし、ヒーリングをする相手はほとんど私の読者に対してのみである。その日、その用事はすぐに終って、大書店に入った。目的の本はすぐに見つかり、帰りの電車の中でむさぼり読んだ。孫のような娘さんを前にあの世とこの世との関係や魂のことなどについて気楽に語る船井先生の姿が目に浮かんだ。それにしても、船井先生の口からノストラダムスの話を引き出した浅見帆帆子さんに思わず「デカシタ!!」と心の中で叫んだ。しかし、帆帆子さんはノストラダムスの話は何も知らなかったらしいと前後の言葉でわかった。その「まえがき」には8月24日付で「本日、最終稿をチェックし終りました」と書かれていた。

その8月24日は船井先生が主催する「直感力研究会」が行なわれた21日から三日後のことであった。従って、それよりずっと以前に預言の件を浅見帆帆子さんに聞かせていたことは明白である。その浅見帆帆子さんとの対談の話は21日の直感力研究会で船井先生からレクチャーを受けていた。初めて聞く名前だった。しかし、私はその直後から『21ノストラダムス№3』の原稿執筆で家に閉じこもってしまった為に、対談本についてすっかり忘れていた。それで九州からのFAXで浅見帆帆子さんの名前を「はっ」と思い出したのであった。

21日の研究会は高輪プリンスホテルで開かれていた。その日、船井先生は10月4日、5日に開催される船井オープン・ワールドの案内をしておられた。場所は同じ高輪プリンスホテルであった。例年横浜であったが今年は場所を変えるのだなと、その時印象に残った。その4日には浅見帆帆子さんといっしょにオープニングセレモニーが行なわれるということも説明されていた。この会はまさに名前の通り、参加者は自由で誰でも入ることができる。毎回、何万人もの参加者がある。しかし直感力研究会は言わばフナイ・クローズド・ワールドで参加者は極く限られていた。'87年の発足以来16年目を迎えていた。預言書の最新研究はそこから実業の世界に伝わっていったようなものである。

10月4日、5日は預言書の三冊目の原稿が完成目前で最終原稿チェックの真只中にあって、船井オープン・ワールドはついにすっぽかしてしまった。そのため、浅見帆帆子さんとの出会いも失ってしまった。『ちょっと話してみました』の中で明窓出版の本の件が書かれていたので、社長の増本氏に連絡しておいた。他社が明窓出版の話をしている、その事だけでも社長は知っておくべきだろうと言う、最初はそんな軽い気持での報告であった。ところが後にこの事が大変な事態に発展していくことになるとは夢思っていなかったのである。数日後、増本社長から電話が入った。「船井先生と池田さんとの対談集というのは無いんですかねェ」と言う。「有り得ない話では無いでしょうが、しかし、船井先生は大変お忙しいし、会えるかどうかわかりませんよ。仮に会えたにしても今からでは来年になると思いますが」と答えた。

初めて、浅見帆帆子さんの本を買ってから一週間がたち、その間に預言書の№3の初校を受け取りに行く日が近づいていた。一ヶ月前の私の拙い原稿用紙はすっかり活字に編集され、りっぱに変身を遂げていた。初校のチェックをしながら、妙に船井先生のことが気になり出した。11月10日朝、オフィスに電話してみた。対談本について伺ってみた。「その件は急ごう、すぐ来てくれ」と電話の主が言う。しかも対談の始まりは11月14日（金）と言う。

10月26日夜の一通のFAXが、11月14日に実際の対談をすることにまで発展してしまった。「ふと」船井先生と話してみたいと思っていたことが現実になってしまった。

一―五　芝のオフィスへ

船井先生の芝オフィス訪問の前に明窓出版の社長と編集長に録音機を持参するように頼んだ。初日から本題に入る可能性があると感じていたからである。11月14日は1時間の面談時間と決められていたがそれでも録音機は必要と思った。増本社長は私に質問した。「初日の1時間では挨拶やらで本題には入れないでしょ」と。一般的にはそうかもしれないが、私にとっては過去の九年＋1時間という感覚でとても初日の1時間とは考えられないのであった。船井オフィスの秘書団も同じ様子であった。彼女達も事情を知らなかったのである。その日が我々一行と初対面であった。

その日、芝の船井オフィスに行く前に新宿の紀伊国屋に立ち寄った。『ちょっと話してみました』のまえがきで船井先生が、『幸運と成功の法則』の195頁から199頁に書いた「あの世こそ私たちの故郷」を読んでくださいと言っていた。その本も読んでおこうと思ったのである。芝に着くまで少し時間があった。買ったばかりの本を電車の中でむさぼり読んだ。おどろいたことに、内容は「創造主」の話だったのである。本の題名は船井先生がこれまで数多く出版されたビジネス書の関係と連想された。ところが内容はビジネスとはまるっきり関係ない神の話なのである。二冊の本を持って応接室に入った。少し遅れてやってきた増本社長、編集長と合流して対談は始まった。

「池田さんの場合、問題は時間にありますね。事象はたしかに起こっている。しかし、いつも遅れて事象が現われる。異常気象の件もしかり。いったい全体、池田さんは時間をどう読んでいるんですか。預言の主役はいまだに現われないじゃないですか。池田さんについている神はいったい全体、池田さんに何を指導しているんだろうか」といきなりカウンターパンチを食らった。常になく、少し怒りの御言葉。カウンターパンチは頭脳の芯髄に命中し、言葉を失う。

テープレコーダーは廻っていた。編集長は予め言っておいた通り、録音機を持参し、船井先生の部屋に入るなり、スイッチをONにしておいたようだ。それで少し安心した。最初の重大な問題提起の御言葉は確かにいただいた。船井先生の厳しい言葉は続く。「池田さんについている神はそもそもどのレベルの神様ですか」と。答えに詰まった。定められた予定時間内にうまく納得していただけるような話はできそうになかった。話し始めれば必ず長くなりそうであったし、初対面のはずの明窓出版の紹介時間も無くなる。答えを保留したままに話を逸《そ》らそうと考えた。「この出版社のことについて詳しい話を……」と発言した途端、船井先生は言った。「池田さんが連れてきた出版社なんだから信用している。細かい話は必要ない」と一喝。どうも今日は虫の居所が悪いのかなと思った。「事件が……もう少し世界のようすを見てから、来年にでも出直しましょうか」と私は言った。すると船井先生は「それでは遅すぎる。事件が終った後では、何もかも無駄になってしまう。大事件が起きる前に本は作るべきだ。しかも急がなくてはならない」と言った。横に座った増本社長の顔をちらっと見た。高揚して顔が紅くなっている。一方、編集長の方はというと、いたって冷静にこのやりとりをメモしている。増本社長は元々、私の以前からの読者で良き理解者の一人であった。'03年に始まった『21ノストラダムス』シリーズについても、事件の年代特定について誤訳を何度重ねても、それについていちいち説明を求めるということは一切なかった。それに印刷間際の№3に、大事件の起こるべき年がいったい、いつになるかについてすでに書いてあることを知っておられた。

船井先生の言葉はその増本社長に向けられた。「池田さんはネー。開放次元に体ごと移動して未来を見てきてるはずなんだ。それでも時間を間違えるんだよ。どうしてなんだろう」と。社長は初めて聞く「開放次元」なる言葉にとまどった。船井先生に聞きなおした。「そのォ……開放次元……って何ですか」と。「それは普段経験している池田さんから答えてもらった方がいいよ」と船井先生は私を見すえながら言った。「つまりですネ。この世は三次元世界で、魂や意識はこの三次元のボディの中に閉じ込められていますヨネ。その意識を異次元に移して、つまり開放してその世界を見てくるといったような事で」と私はとっさに説明してみた。「それならわかります」と彼は言った。「ところがですネー、池田さんは肉体ごとそれをしょっちゅうやってるのですヨ」と船井先生はたたみかけた。話が展開し始めた。問題の「時間の件」は棚上げし、私が用意した質問を船井先生にぶつけてみた。ようやくショックからたちなおりつつあった。「このあいだの新聞記事の件でちょっと、レスター・ブラウンのレポートのことなんですが、ひょっとすると来年は世界的食料飢饉が来るかもしれませんので、何か対策を……」と言い始めた途端、船井先生は滔々《とうとう》と話し始めた。「その件は問題ない。解決策はすでに書いておいた。『超資本主義・百匹目の猿』という最新刊で、出版社はアスコムだよ」と言ってその本の内容の話に入っていった。『百匹目の猿』という題の本は'96年6月にサンマーク出版から出されていた。しかし今回の本は

「超資本主義」と冠されている。その本の中に農業に関する論文があって様々なアイディアが書かれていると言う。

どうやら我々一行は少々、スタートラインを間違えているらしいと勘付いた。

一―六　なぜ時間をまちがえるか

船井先生の質問に答えなくてはならない。「神は時計を持っておられない。カレンダーも持っていない」と。これでは「笑点」の大喜利になってしまうだろうか。そこでもう少し説明を加えないとならないだろう。時計という三次元の物質機械は我々人間が、集団で生活していく上で非常に有益なものである。物というより、ルールである。地球が自転する時間を一回当たり、24時間と定め、その1時間を60分と決めた。いわば決め事なんであって、これは社会的ルールであり、実在はしていない。要するに観念なのである。その観念をあたかも実在しているかのように物質化したものこそ、時計であり、カレンダーである。こうした時計やカレンダーは、地球人だけに通用する概念であって、異次元においてはそういう物に支配されない世界が存在している。神界のあらゆるレベルにおいて、その存在たちは時間には制約されない。というより地球的時間という観念そのものが無いと言ったほうが良いだろうか。

神々の世界には時間が無い。今と明日《あした》、昨日《きのう》ぐらいの区別はある。これまで起こったことがきのうの事、これから起こることはあしたの事くらいの区別はある。従って、ベスビオがいつ爆発するかと聞けば、返ってくる答えはきまって「あした」である。

神々と直接話ができる人を私は知っている。その方は霊能者と呼ばれることをすごく嫌う。そこで仮にここではMさんと言っておこう。Mさんがある日、富士山はいつ爆発するかと神に聞いたことがある。神は答えていわく「あした」と。これを聞いたMさんはびっくりして、周囲にこのことを伝え、自ら、「大変だ、大変、あした富士山が爆発する」と大騒ぎした。そのあしたに、何も起こらなかった。聞かれた方の神にしてみれば、未来のことは全て「あした」なのであるから、あしたと答えたまでのことである。神は決して嘘をつかない。問題はMさんが、神は時計を持っていないということを知らなかっただけだ。

地球人は物心つくとすぐに時計の見方、カレンダーの見方を徹底的に教えこまれる。そのため「時間」ということが実在しているように思い込んでいる。「時間」は実在しないのである。そのことについて生前の関英男博士にも何度も言った。しかし、関英男博士にして、そのことはまったく理解されなかった。私が冗談を言っていると笑いとばすだけであった。私は、尊敬する関先生に対してただの一度も冗談を言ったことがなかった。本気で

「時間は存在してません」と言い続けていたのである。正気である。しかし関英男博士にしてなお、時間が存在していないということは有り得ないと思っておられたのである。従って一般の人々が、私を気狂い扱いするのはしかたないと思う。ところがそういった方々も私を精神病院に案内するというのは今だかつてなかったのである。精神病院に行ったほうが良いよと親切にも勧めてくれる「正常な」方もいたことはいたが。

「時間」は人間が作り出した観念や概念ということなのだと御理解していただけただろうか。そういった観念・概念は地球の成層圏外《せいそうけんがい》に出てしまうと通用しないということはすぐわかるのだが。しかし、地球人はこの地球のことしか知らないし、この地球に縛られているので、この地球の産物が絶対に正しいと思い込んでいるのである。そう言った観念や概念から解き放たれることが今は必要な時期に来ているのだが。

預言書にある諸事件が私が言った時期より数年ずつ遅れて現われてくるのはどういうわけかといった点について、船井先生の質問に少しずつ離れて行っているだろうか。そのことについて具体的に言えば、その原因はひとえに預言詩の問題だと言わざるを得ない。

ノストラダムスは惑星の位置を示すことによって、事件が起こる時期を明らかにしたと一般的に多くの研究者が考えていたし、私もその一人であった。水星、金星、あるいは火星、木星、土星等の惑星のうちどれか三つの天体上の位置が示されると、起こるべき事件の詳しい年月日がわかるものである。恐怖の大王が現われる年もそういった惑星の位置をどこかに書くことによって明らかにしているはずと研究者は誰しも考えたものだ。ところが、1999年については、その年の惑星の位置を表わした話はどこにもなかった。従って多くの霊能者が私の前に現われて「'99年には何も起こりません」とアドバイスをくれた時にも、その方々の言うことに反発は感じなかった。ただそういう方々に言いたかったのは「それでは1999年と訳せる文はほんとうはどう読むべきか」ということであった。それは数字で書かれているのではなく、フランス語の言葉で書かれている。しかし、この問に答えられる霊能者は誰一人としていなかったのだ。ただ、Mさんだけはこう言った。「それこそ池田さんの仕事なんです」と。Mさんの言葉ではあったが、そのことは神からの伝えの言葉であった。神は人をして言わしむ。

2002年初頭になって、ようやくその一文の解読に辿り着いた。その解読の詳細については『21ノストラダムス№1』の第二章に書いておいたのでここでは省略するが、結論だけ言うと、数字を示していると考えられた言葉は全て、同音異義語である別の話を示していた。「新世紀のある年、ローマ法王交代年の七の月に」と読め、その交代というのは、現法王ヨハネ・パウロ二世が次の方に交代するその年に大事件が起こると解読できたのだ。暗号を追っていくと、法王交代は黄道12星座の六番目の月、乙女座（8／23～9／22）の始めになるとわかった。しかし同時に、その年がいつのことかは不明となってしまった。

一―七　預言書の主役はいつ現われるか

問題の恐怖の大王はローマ法王交代の年に現われると読んだものの、その年がいつになるかわからないままに'02は終ろうとしていた。惑星の位置によってその年を示していると仮説した件は完全に崩れていた。その年の暮に、預言詩の中に非常に多く「3」という数字を示す言葉が書かれていることに気付いた。数えてみたら80詩を超えていた。その内、'03年と訳してみても、不自然とはならない詩が数詩有るとわかってきた。そこで'03年8月下旬に大事件が起こるゾと大騒ぎを始めた。例によって。しかし、言った日には又しても何も起こらなかった。結果「ノストラダムスは恐怖の大王が現われる具体的な年号は書かなかった」との結論に至った。しかしこれは私の研究不足なのかもしれない。ともあれ、ローマ法王の交代の年まで待たなくてはしかたない情況が生まれている。

ところで現法王は'04年5月に84才を迎えられる。現在のお体の御様子からして今から10年も後に交代なさるとは到底思えないところである。'04年と言っても'05年と見ても決して不自然ではないだろう。こんな風に預言書を研究している内に、法王交代の年の真夏までにいくつかの兆候があるということがわかってきた。それが第1節に書いた6項目のことである。つまり、その年は近いと……。

恐怖の大王とは、イタリアはナポリにあるベスビオ火山の爆発のことである。そう言うと多くの人々は「ナ〜ンダそんな話か」といって安心する。元より、ヨーロッパの一火山の爆発は日本に関係ない。従ってそれはそれで良いのであるが、間接的には影響は受けることになる。その内、最も大きなものは経済問題ではないだろうかと考えられる。グローバリゼーションとコンピューターの発達がその問題をより一層深刻な事態へと導くのである。イタリア一国の崩壊はユーロ・ドル圏の全ての国の経済を崩壊させるし、それはほとんど時間を経ずして全世界へと伝播《でんぱ》する可能性がある。つまり世界恐慌《きょうこう》があっという間に起こる。それは、ベスビオが活動を始めてすぐの頃、つまり9月上旬らしい。火山活動、地震、洪水が日本のことではないにしろ、日本の資本はヨーロッパにかなり投資されている。そうした企業というのは日本国内においても超優良企業である場合が多い。従ってヨーロッパで起きる損失は日本市場においても大幅な〝株安〟という局面を生み出し、優良企業故に、他の何の関係もない企業の株もこれまた大きく下がるという仕組みになってしまっている。それを防ぐ手だてを政府は持っているのだろうか。株式市場を休みにするということはできるかもしれない。しかしそれは永久に休みになる話かもしれないのである。

つまり、イタリアの小さな一火山の爆発が世界の経済システムを崩壊させ、資本主義を壊滅させるという、とんでもない事態の元を作り出すのである。それは現代文明の終りを意味している。と同時に新文明の到来を示しているのである。従って、ここでその後の社会システムがいかにあるべきかについてイメージしておくことは決して無駄ではないと思える。現在の資本主義が終った後は、新しい資本によって次の資本主義が始まるというのは甘い期待に過ぎないだろう。というのは、ベスビオが爆発する年の翌年にはさらなる劇甚《げきじん》災害が待機しているからである。ヨーロッパ、北アフリカ、中近東が乗っかっているプレートが崩壊し、人口は激減、人の住める大地は少なくなると預言されている。

こういった自然災害が起こっても、「日本は守られている」と書かれている。しかし、備えは必要であろう。特に農業政策の面に於いてである。資本主義が終っても、食べ物があればとりあえず何とかなるはずである。腹が減っては何とやらで「洗心」もむずかしいかも。ほんとうは心がまえの方が先なんであるが。なかなかそれがむずかしいのかも。であるから、火山が火を噴かないかぎり、人々は必要な行動を起こさないのであろう。資本主義が終るというのはどういう状況かと言うと、投資したお金が、利益を生み出さないという状況である。この意味において、今のデフレ下の日本はすでに資本主義が終ったと言って過言ではないであろう。この原稿を書いている真最中に足利銀行が破綻し、政府は日本長期信用銀行の時と同じように、国有化を決めた。11月29日（土曜日）のことであった。破綻処理に伴う公的資金（税金）の注入額は最終的に一兆円になると見積もられた。足利銀行を放っておけば預金者は殺到し、パニックが始まり、それは日本中に伝染する可能性があった。そうならないようにする為に、政府は一兆円使うことを決めたのである。つまり政府は日本中の銀行が危うくなるような時には同様の手法をもって救助する、その方法を持っているということになる。政府はお札を印刷すれば物事は納まることを学んだ。それは何を意味しているのかと言えば、資本主義を捨て、互助システムに移行したことを示している。これを超資本主義と言う。つまり、資本主義よりも、国民の平和を選んだのである。お札は単に印刷物であって、労働によって得る物ではなくなったのである。実際には、日銀、あるいは政府は足利銀行に一兆円のお金を運び込むということはしなかった。必要な資金は振り込みという手続きをするだけで良いのである。どういうことかと言えば、担当者が、キーボードのいくつかにさわればそれで良いという話であり、日銀がわざわざお札を新たに印刷する必要はないのである。ただ、足利銀行の帳簿に政府からの振込額が記帳されるだけなのである。

お金というのは「情報」に過ぎないのだと、読者の方々は気付かれたであろう。つまり、現金というシステムを使わない社会というのが有り得るのだと理解していただきたいのである。

一―八　新しい社会システム

貨幣という名の現金が存在しない社会、それが新しい社会システムの一つと考えられる。それは、すでに政府が率先して実行しつつあるらしい事は銀行の破綻時の対応によってわかる。問題は、全ての企業、個人にまだそれを適用していないということだけなのだ。

現金が存在しなければ泥棒は存在し得ない。しかし物を奪う者はまだいるだろう。従って、物を奪わなくても良いような社会システムを早く構築することが必要になるが、多くの人がこのことに気づけば、それもすぐ可能であろう。こういった社会システムというのは、これを構成する個々人の意識によって、早くも遅くもなるだろう。つまり重要なのは人々の意識構造そのものということになる。人々はお金がないと生きていけないと思い込んでいる。時間が存在していると思い込んでいるのと同じ。これは人間は地球人しかいないと思い込んでいるのと同じレベルの話である。殺人はほとんどの場合、お金が目当てである。従ってお金が存在しなければ、殺人はほとんど無くなるはずである。恨みによる殺人は残るかもしれないが、しかしそれも消すことは可能である。「人を恨んではいけない」

と親が子に教育していけば良い。ところがその親が他人を恨んでいるのだから、世の中はいっこうに良くならない。どうすれば良いだろうか。

高度情報化社会が進めば進むほど、現金の持ち運びは少なくなり得る。一枚のカードが現金の受け渡しの記録を取り続け、それはすなわち情報のことだとわかってくる。今でも現金が必要ない時代に入っているのである。しかし、現金が存在している間は情報カードを盗む者がいる。これまたお金が目当てである。つまり、現金システムを止めることができると、途端に犯罪者が激減するだろうとわかる。諸悪の根源は金なり。

技術的にも、新しい社会システム、新しい文明はすぐそこに来ているというのがわかる。夜明け前が最も暗い。それが今日の情況と考えられる。

現金がなくなり、支払いシステムが完全にできあがると、次には貨幣システムさえ変化することが考えられる。貨幣システムを止めるという社会システムである。物事の価値観が変化していくからである。原価というものがあるから商品や物事に定価が生じる。その原価そのものに価値観の変化が生まれると、定価にも変化が生まれるのは必然ということになる。原価とは何ぞやという問いが生まれるはずである。

日本の資本主義は土地本主義である。これは明治政府以来の伝統となった。土地の私有化を認めたところからそれは始まった。なんのことはない、それは地球の一部を私有化しているということである。その地球は人間の所有物であろうか。誰が考えてもそれは間違いであろう。地球に間借りして、そこに住まわせていただいているというのが正解ではなかろうか。ベスビオの活動が始まると、そのことがよくわかるであろう。いや、ベスビオの活動を待たずとも、三宅島の火山活動を見ればそれは明白である。三宅島の人々は今、土地を失い、家を失って、避難民となっている。そもそも地球の一部を私物化していること自体が問題の根元である。人間が作り出した物ではないものについてそこに価額を決めている。そうしないと地価税が取れないからだと政府は言う。そもそも政府が税金でメシを食うというのが大問題である。ボランティア活動にすべきである。各地方の公僕とて同じことである。国家公務員は全てボランティア活動とすべきである。そうすれば我々は彼らに給料を支払う必要はなくなる。では国家公務員はどのように給料を支払われるのであろうか。答えはいたって簡単である。日銀が振り込めば良い。給料という情報を送るだけの話である。

　お金のやり取りというのは情報のやりとりのことだと御理解いただけたであろうか。現金は必要ないのだ。つまりお金のない社会システムは有り得るのである。現に、地球以外の進化した宇宙の人々の世界にはお金のシステムがない。それではいったいどういう社会システムになっているのかと言うと、共生システムである。そういう社会に変化させようと思えばすぐにでもできる。明日にでも可能なのである。ただ多くの方々が、お金が全てであり、肉体が死んだら、何もかも終りだと固く信じているが故に、その新しい社会システムに移行できないでいるだけなのである。その「お金が全て」という固定観念は時計の話とまったく同じで、物心つくとすぐに社会のシステムは、お金の使い方について教育を始める。事業に失敗して借金だけが残ると多くの人々が自殺へと突っ走る。その数、年間3万5千人以上になって、交通事故者数を上まわっている。社会システムは人々を自殺に追いやるシステムになってしまっている。これは大いに間違っている。

カール・マルクスの資本論は初めから終りまで嘘に満たされており、ダーウィンの進化論は完全に間違っている。マルクスもダーウィンも唯物論者であった。科学者は大部分、その系統の人々である。時間は無限であって、始めもなければ終りも無い。つまりビッグバン理論は間違い理論だ。宇宙の空間は無限であって、その境界などありはしない。

万物は永遠に生成流転《るてん》し、始めもなければ終りもない。時間が存在していないのと同様である。我々は今や、地球という極めて極めて限られた、閉じられた物質世界によってのみ生み出された諸法則の呪縛《じゅばく》から解き放たれて、新世界に適応できる心体に自らを変えなくてはならないところにきている。まずもって意識を拡大しなくてはならない。そうすることはあまりむずかしい事ではないのである。

一―九　預言は存在する

ノストラダムスは確かに未来を見たと私には思える。肉体ごと未来という空間へ入ってである。彼は時空を超えてそこへ行くことができたに違いない。

「それなら過去にもさかのぼれたのですか？」と聞かれれば、答えは「イエス」である。しかしその質問の前に、変人か狂人かと思われて冷たくそっぽを向かれるのが関の山であろう。

しかしノストラダムスにとって『預言書』とは〝見てきたことのレポート〟にすぎなかったのではないか？　もっとわかりやすいものであれば、支持者ももう少し増えたことと思うが、あいにく彼の文章はあまりにも難解で、理解できないように巧妙に仕組まれていた。そうすることにどうした意味があったのか、その謎と疑問については本人に直接会って聞く以外にないであろう。もっともノストラダムスの幽霊に会うことができても、動転して腰を抜かしてしまっては質問どころではないのだが……。

ところで、セスは、自らを「幽霊」ではなく「存在」と表現している。魂、あるいは霊魂は不滅であって、永遠なる存在であると言う（ナチュラルスピリット社刊「セスは語る」を参照）。

ノストラダムスも、その預言書の一節にそのことを書き記した。肉体は物質ゆえに耐用年限がある。よって「存在」である魂は、古くなった肉体から新しい肉体へと移り替わってさまざまな経験をすることになる。男になったり女になったりと。

つまり、肉体の死は〝死〟を意味していない。人間は死なず、ただ形を変えるだけである。だから死を恐れることはない。ただし、むだ死に、犬死に、自殺は何の意味も持たない。この世に何か役立とうとして生まれてきた魂のはずだからである。

肉体は分子、原子、電子などで構成されており、それらは振動している。これは現代物理学の常識である。この点においては、私は狂人と呼ばれないですみそうである。電子、中性子、陽子は原子を構成しているが、それらはクォークがいくつか集まってできたものである。そのクォークはさらに小さな粒子が数個集まったもので、その微細な粒子はエネルギー体をなしている。

古神道の故荒深道斎先生は、これを「零霊《ヌヒ》」と言っている。ヌヒは振動しており、それらがいくつか集まったクォークもまた固有の振動数を持っている。

この振動数とは周波数のことだが、クォークがいくつか集まった陽子、電子、中性子もそれぞれ固有の周波数を持っており、したがって物質というものは、すべからく固有の周波数を持って振動し続けている。それらの集合体である我々の肉体も、誰であろうと、その人なりの固有の周波数を発している。

テレビ画面はチャンネルを変えると次々に映像が変わる。チャンネルは各テレビ局が発している周波数を画面に同調させる装置である。それと同じように、肉体が持っている固有の周波数を変化させると、物質世界という画面に現われたり、消えたりすることになる。ノストラダムスは、そのようにして時空を超えることができたのかもしれない。

しかし十五世紀の人間が周波数を変える装置など持っているはずはない……と思うかもしれない。それに対する答えは、『預言書』第一巻の一番と二番に書かれている。

ノストラダムスが居た屋根裏部屋の、彼が坐る椅子のそばに金属製の棒が掛けられていた。いわばアンテナである。そのアンテナがひとりでに振動しはじめると、部屋の片隅にろうそくの炎のような火がぽっと現われる。やがてその炎はゆっくりと大きくなり、光を集めて人形《ひとがた》を作る。初めの頃透《す》き通っていた光り輝く体は、やがて縮まって肉体を持った人間となる。ここまでは預言詩に書かれていたことだが、おそらく、その者がノストラダムスの振動数を変えて、未来へと案内したのだろう。

「そんなことができるはずがない！」と叱られそうだが、私はそれができる人間を知っている。その方は宇宙レベルでは「スペクトラン」と呼ばれ、地球においては「クェンティンさん」と呼ばれている。彼についてはもう少し後で述べることにして、ここでは時間と空間について考えてみたい。

我々がふだん使っている「過去」「現在」「未来」という言葉だが、これらは本来、我々が考えるように存在してはおらず、空間も我々が定義しているようには存在していないと、セスは言う。たとえば三面鏡を前にして立ったとしよう。正面の鏡には現在のあなたの姿が映っている。もちろん左右の鏡にも同時にあなたの姿が映っている。そこで今、右の鏡を「過去」、左の鏡を「未来」と名付けたとしよう。すると、過去、現在、未来という舞台にあなたが同時に存在していることになる。ここにおいて時間というものが過去→現在→未来と一直線に連続して進んではいない状態をイメージできよう。

過去・現在・未来が連続して進行している我々の世界、すなわち三次元世界には、実は他の次元世界が同時に存在している。この状態を「平行宇宙」あるいは「パラレル・ワールド」と言う。各次元に居住する者は、その次元に閉じ込められて相互に行き来できない仕組みになっているが、魂、すなわち「存在」となると話は別である。それは三次元的物質ではなく、電磁的エネルギー体だからである。

それをある人は「オーラ」と呼ぶ。そしてそのオーラは多次元の各層を貫いて全部つながっている。我々が時おり体験する「虫の知らせ」とか「直感」とかは、その三次元を超えたところから得ている情報である。

ついでに言えば、「テレパシー」、「透視」といった超常現象は、全てオーラに関連した現象であって、本来人間として誰もが持っている能力なのである。しかし、幼児から青年になるにつれそうした能力は失われてしまう。これは多分に社会の枠組みのせいであろう。見えない物は見えない、聞こえない音は聞こえないとするのが社会人だと、小さい頃から無理やり大人たちによって強制された結果である。

オーラは「幽体」とも、セスのように「内なる自己」とも言い、「魂」のことでもあり、「心」でもある。セスは肉体は持たず、エネルギー的存在なのである。二十数万年の長きにわたって地球上で輪廻転生し、あらゆる種類の人間に生まれかわり、男も女も、そしてローマ法王まで経験したという。したがって肉体を持つ必要がなくなってしまった人である。

しかし、地球での経験が長かったがゆえに、地球人に対する愛着心はすこぶる強い。ふだんは光り輝く世界の中で、中世の面影が残る田園風景を作り出し、その中の農家風の一軒家で生活している。といっても、「その場所はどこにあるのですか?」と三次元的質問は無意味である。この宇宙はパラレル・ワールドだと説明した筈である。

セスが住まう世界は、実は我々がいる三次元世界に重なっている。次元が違う世界である。三次元的に言うと、セスは二十数万歳ということだろうか。前述の、スペクトランたるクェンティン氏は肉体を維持したまま三万五千歳になっているというが、セスと比較すればまだ若いということになる。

クェンティン氏ら五十人のガーディアンの下《もと》に「ガーディアン評議会」の行政府がある。我々の世界に政府があるのと同じように。

その行政府のメンバーは大部分が霊的存在であり、必要に応じて物質界に具現化する。セスはこのガーディアン評議会行政府のお方であろうと、私は推測している。立場は地球人の教育係であろう。その姿は表紙カバーの絵で示した。

セスが幽体であるように、ガーディアンもエネルギーだけの存在だが、光の固まりのような姿になっている。彼らはありとあらゆる系に存在し、人類の長老でもあるが、時空を超越した非物質的な次元の最上階域で機能している。つまり神々のような存在だが、まだ神ではない。

五十人のガーディアンの上には七人のアセンディッド・マスターズがいる。あらゆる次元を超越した光の形になっている。至高の存在で、神の代理をする方々である。したがって、年齢は百億歳を越えているだろうか。

神は創造主である。この世もあの世も創り出した八百万《やおよろず》の神々の集合体のことである。

そして光の玉の集合体となっている。(「21ノストラダムス」カバー絵参照)

七人のアセンディッド・マスターズも五十人のガーディアンも神になろうとするであろ

う。そして今この地球に住んでいる人間も、何十億年か何百億年か後には神になろうとするであろう。したがって、人間の肉体を持って、ご馳走にありついている教祖は神ではない。その前に聖人ですらない。自らを神や聖人と名乗る人間は、それだけで怪しいと見て間違いはないであろう。

カレンダーを見て「過ぎ去った日々には戻れない」と溜息をつくのは、そのように定義しているからであって、実を言うと時間とは有って無いようなものである。ただ、あなたと私がデートするとき、何月何日の何時頃と決めないと三次元的には会うことができなくなるので、便宜的に時間という概念を作り出しただけのことである。

本来、時間とか空間というものは、その星が持っている波動（周波数）と、その星に住む全ての生物の波動の総和が、太陽から送られてくる波動と調和する〝点と点〟との間のことである。それらの点と点とを結ぶと、それは固有の周波数を示すことになる。したがってその周波数に同調させると、その時間と空間に存在することとなる。

外宇宙から地球を訪れる場合、宇宙船は訪れようとする時空に振動数を合わせて、物質化する。したがって彼らは、消えたり現われたりする。時間は必要な日にコントロールできるので、もともと「宇宙船はタイム・マシーンである」とも考えられる。

クェンティン氏はある小さな装置を身につけていて、自分の肉体の振動数を変換することができるという。したがって必要な時空に瞬時に移動できることになる。

そこでノストラダムスに戻ると、彼がもしクェンティン氏のような方に出会ったとするなら、時空を超えて未来に行ったということも大いに考えられることである。過去・現在・未来が同一のところにあるなら、行くのも覗くのもレポートを書くのも、そう難しいことではあるまい。〝未来の預言〟は充分に可能なのである。

そこで私は密かに確信する。ノストラダムスは確かに見た。未来の地球に起こることの一部始終を……と。

一―十　肉体は魂の仮の宿

船井先生の最初の質問「なぜ時間がずれて現象が出てくるのか」ということに何とか答えようとしているうちに、魂、神々の世界、そこを繋ぐ波動という話にまで発展してしまった。波動とは周波数と波長のことで、その周波数は単時間当たりの波数を言い、波長とは波の山と山、あるいは谷と谷との間の距離を言う。セスによると、時間も、ある波動のことだということになる。魂はエネルギー体であってそれはすなわち波動を持っている。しかしその波動は余りにも精妙なために、残念ながら我々が作った機械によっては捕捉不能である。魂のエネルギーにはおおむね四つの波動がある。アストラル体、エーテル体、メンタル体、コーザル体である。セスによると、アストラル体が物質化したものが人間の肉体であるという。しかもアストラル体はどれだけ単時間でも肉体を離れないと言うから、人間の死はアストラル体の消滅を意味しているのだろう。幽体離脱はエーテル体、メンタル体・コーザル体が一時的に肉体を離れる現象を言うらしい。わが深宇宙探訪記上巻の125〜6頁においてアーガス氏の説明するところによれば、

①エーテル体の場（＝生命の場）は原子や分子、細胞や器官を支配している。
②メンタル体の場は精神、心を生み出している。
③コーザル体の場はエーテル体とメンタル体の場を生み出している。

と書かれている。人間の肉体というのは、この三つのエネルギー体によって制御されている。従ってエーテル体、メンタル体、コーザル体が肉体を離脱すると、その肉体はコントロールを失い、何もできなくなる。肉体というのはコンピューターのハード部門に該当する。つまり機械の本体のことである。そのハード部門はソフトウェアー、つまりプログラムを投入しないと動かない。そのソフトウェアーに該当する部分が魂の四つのエネルギ

ー体である。その内の三つのエネルギー体が肉体を離れると、どうなっているかというと、その肉体は熟睡状態となる。魂が離れていても、その内の一つのアストラル体によって包まれている為に肉体は生き続けていられる。通常、毎日、人は睡眠をとる。その間、魂は肉体を離れてどこかに移動している。そこで何かの仕事をしているのであるが、その情況が時々、夢という形になって我々の意識にのぼってくることがある。つまりそれは幽体離脱した魂が行なってきた仕事が、我々の通常の意識に反映された状態である。意識は魂の一機能である。熟睡した肉体は意識がない状態である。意識という概念は脳の中に存在しているのではなく、幽体の中にこそ存在しているとわかるであろう。同様に感情、思考、記憶は脳の細胞の中に存在しているのではなく、メンタル体の中に存在しているというわけである。

肉体は地球産の物質によって形造られており、その物質には耐用年限があり、いつかは消滅する定めであるが、魂というエネルギー体は耐用年限は無い。つまり魂は永遠に存在し続けるのである。従って肉体が無くなっても、その肉体によっておぼえた体験は全て、幽体の方に蓄積されているため、永遠に保存されることになる。その魂を「内なる自己」という人もいるし、「ハイヤーセルフ」と表現する人もいる。「内なる自己」は現在の自分を作りつつ、過去の自分をも知っている（過去世）。現在の自分が一度も行ったことも通ったこともない土地であっても、なぜか懐かしさをおぼえる時がある。それは、過去の自分がかつてその土地で暮らしたことを示している。夢の中で見知らぬ土地、見知らぬ時代に居たとしても不思議ではない。内なる自己が過去を再現してくれているのである。

つまり、肉体が消滅したら全ては終りなのではなく、人生はずっと続いているのである。コンピューターの機械が壊れて使い物にならなくなっても、フロッピーディスクには全ての情報がたくわえられている。再現させることは容易である。こういった魂、内なる自己の性質になかなか気づかない人というのは、自分の魂を肉体の中に自ら閉じ込めてしまっているのである。自閉症を自ら作り出してしまっている。唯物論は自閉症のようなものだ。魂はエネルギーであるがゆえに波動を持っている。その波動は一人一人に固有のものである。それを個性と言っている。波動は周囲に広がる。その波動を感じて、同調する人々はよく集まってくる。仲の良い集団というのはこうしてできてくる。

「黄色い羽の鳥はいっしょに集まる」と西洋の諺でいうように。良い波動を出している人には良い人々が自然に集まってくる。その逆もある。人間の肉体は地球産であるが、魂は別の手法によって生み出される。魂は神がそのエネルギーを分けて作られている。神はエネルギー体である。エネルギーの固まりでその姿はまん丸である。人型ではない。古神道は実に的確な表現をしていて、「御魂分け《みたまわ》」という概念を持っている。神の魂の分け御魂《みたま》が人の魂だという。まさにその通りである。肉体は三次元社会、つまり物質世界にありながら、それを動かすソフトウェアーたる魂は、人が認知し得ない異次元に存在している。繰り返してきたように、異次元では三次元が定める時間、空間は通用しない。その三次元世界と異次元世界は同時に同じ場所に並存しており、距離は0《ゼロ》である。平行宇宙（パラレル・ワールド）になっている。幽体離脱した魂は異次元世界を通って、必要なあらゆる情報を瞬時に集めてくることができる。「虫の知らせ」は虫が教えるのではなく「内なる自己」たる魂のしわざであって、これをテレパシーと言っている。テレパシーは別の人の魂が行なっている場合もある。それには、その人の魂のエネルギーレベルと、自分の内なる自己が同調している必要があるが。

一―十一　故関英男博士のこと

見えない世界についての勉強は全て故関英男博士の下でなされた。関先生はいまは無き加速学園を運営されており、私はそこに七年間通うことになった。その前後の情況をここに書いておこうと思う。

新宿で建築設計事務所を営んでいた頃、ある日の昼休み「ふと」本屋に立ち寄りたくなった。特別に本を買わなければならないということはなかったが、「何か自分が読みたいと思うような本がある」とか「面白い本を読みたい」といった欲求が湧いていた。ガラスの自動ドアーを入ると、ある一角が気になった。その方向のいくつかの書棚を見廻すと一ヶ所、本の背あたりから光がまぶしく反射していた。引き寄せられるようにその本に近寄って見ると「超能力」とあり、著者は関英男博士で光文社カッパブックスの新書判であった。裏表紙を見ると、博士の顔写真と略歴が書かれてあった。なんと！　１９０５年生まれの東京工業大学電気工学科卒で、私が卒業した大学の大先輩である。びっくり仰天。目次を見てさらにびっくり。私自身が非常に興味を持っていた事象の数々がびっしり書き込まれていたのである。

通勤電車の中で何度も何度も読んだ。しばらくして同じシリーズの中に「心霊力」という本もあることを知ってそれも夢中で読んだ。この二冊の本は、常に超常現象の真只中にある私にとって大変重要な心の支えになっている。見えざる世界を科学的に研究している人が居て、しかもそれが大学の大先輩であることを発見して、それこそ「目の前が急に明るくなった」ような気持になったのである。驚愕は尊敬と畏敬の念に変化していった。

天使や聖霊、あるいは神々の見えざる力にいつもつき動かされて生きてきた私にとって、この物質世界は実に不自由で生活しにくく、いやな世界であった。見えざる世界はどうにも説明しがたく、ともすれば「うそつき」あるいは気狂い扱いされかねない中で、何とか「普通の人」として振る舞っていたけれどもそれは「苦痛」の中にどっぷり漬かっている状態と同じであった。苦痛から逃れるのに、建築の図面の中に我が身を置いて創造の世界に生きるのは、現世と折り合いをつける一つの方法であった。

東工大在学中（1965〜69）、「心理学」は必須科目であった。それの教授は宮城音弥先生で、超常現象や超自然的現象を何とか科学技術的に説明しようとしておられた。東工大というのは不思議な大学で、科学技術に応用できそうな事は何でも研究していた。心理学は全学生に必須科目であったにもかかわらず、宮城先生の教室は極めて寂しい風景であった。当時すでに学生は唯物論がほとんどで、教授連さえその方向であった。心理学は迷信の類というわけで、その授業を受けること自体が気が引けることであった。従ってそのずっと後になって関博士が超常現象をまとめ上げられ、科学的考察を行なっておられたことを発見した時は本当にびっくり仰天し、また同時にありがたいことと思ったのである。

光文社の「超能力」という本の末尾には世田谷の関博士の住所が書かれてあった。しかし連絡をしてみようという気はこの時まったく起きなかった。年齢を数えてみるとすでに80の半ばを超えておられ、まともに話ができるのかどうかもわからなかった。ところが、後になってわかったのだが、当時先生は元気はつらつで世界中を飛び廻ってさらなる研究を続けておられたのである。

'92年5月頃、天から声が響き「関英男博士のところへ行け。加速学園！」と。神の命令であった。絶対に逆らえない声。しかし一瞬たじろいだ。まだ先生は御存命なのだろうかと。そして何のために、何しに行かねばならないのだろうかと疑問を持った。一週間がたち、二週間が経ってもぐずぐずとしていた。が一ヶ月が過ぎようとしていた6月に決心した。まず電話してみようと思った。「超能力」という本の末尾にある住所の電話番号を調べ、電話してみた。すると「関です」と大変お元気な声に一瞬びっくりし、声が詰まった。いきなり本人が電話に出た。「生きてる！」と心の中で思った。「神の命令でそちらにお伺いしたく……云々」などとは絶対に言えず、「池田と申します……」と型通り始めてみた。すると「水曜日の午後に加速学園に来てくれ」と言う。

当時、設計の仕事が忙しく、とても週の半ばに事務所をあけることなど出来なかった。そこでオーム社刊「ツーバイフォー建築の実務」という自分が書いた技術書を郵送しておくことにした。そこに私の略歴が書いてあるからである。その翌日、関先生から電話が入った。何と！　卒論時の研究室の教授に連絡して、私のことを聞いたと言う。その行動力にびっくり。以来、私の身の回りに起こった超常現象や神霊現象についてレポートを書いて、次々に先生に郵送していった。すると、先生はその一つ一つについて返書を送ってこられるのであった。これには大変感激。そして、この作業はその年の暮まで続き、いよいよ直接会うことになっていった。

'93年2月の終り、水曜日午後に加速学園に行った。先生はなぜか水曜日を指定される。世田谷のその番地に近づいても、学園らしき建物はどこにも見当たらなかった。しかし看板を見つけ、門柱の押ベルをさわってみた。インターフォンに声が聞こえ「入ってくるように、2階に居るから」と言う。言われるままに門をくぐり、石だたみの庭を歩くと、敷地の一番奥に2階建てのプレファブ小屋があり、入口のガラスの扉に「加速学園」と印字されてあった。入ると1階には誰も居なかった。階段を上がると、足音で気がつかれ、本の写真の通りのお顔がのぞいた。私は「池田と申します」と言った。

一―十二　統合科学大学講座

2階が教室になっていて、20名ほど座れそうな椅子が並んでいた。開口一番「何の用事か」と関先生。教室の壁全面に、見えないはずの世界の仕組みが描かれていた。全て直筆の絵である。その絵をバックに話されようとしている先生の姿に、美しいスカイ・ブルーの後光が見えていた。

「私、ノストラダムスの預言を解読しようと思ってまして……」と答えた。この時、まだ原書の存在すら知らず、どうやって解くのかもわかっていなかった。神の命令のことは黙っていた。証拠がない。間髪を入れず、関先生は言った。

「君、何か国語がしゃべれるのか。ノストラダムスはな、七ヶ国語で書かれているのだぞ」と。

私「外国語はまるっきり苦手でして、英語もダメなんです」と答えた。

「じゃ、ダメだよ」と関先生。「その言葉は全て暗号……」と言おうとした時、数人の方々が階段を上がってくる足音がして、話はとだえた。先生のお仕事の邪魔をしてはいけないと思い、その日はそれでおいとまをした。'93年2月の終り、その日は天気がすこぶるよかった。その2年後、初めてのノストラダムスに関しての本「ヨーロッパ大崩壊（現在は絶版となっている）」が完成し、ただちに関先生のところに郵送した。すると翌日電話があった。まだ内容を読んでおられる最中の時間であると思ったが。

「デカシタ～！　すぐ来てくれ、どうやってノストラダムスの話がわかったのか説明してほしい」と言う。やや興奮ぎみの声。しかし電話は一旦切れた。それにしても先生はいつその本を読んだのだろうかと不思議に思った。一冊の本を評価するには数日はかかるものである。後になってわかったのであるが「速読」という方法によっていた。「すぐ来てくれ」の電話に少々困った。設計の仕事が控えている。どうしようかと思っているともう一度電話があった。

「関です。さっき日時のことを言い忘れてしまった。次の水曜日の午後1時頃、加速学園に来てほしい」と今度はいつもの冷静さに戻っていた。又もや、水曜日の午後という指定である。どうしていつも水曜日なんだろうと不思議に思っていた。2度目の関先生訪問は'95年3月初めの水曜日になった。

その日、教室に入ると、いきなり先生の質問がきた。

「君！　ヒーリングはできるかネ」と。

何とも唐突《とうとつ》な質問である。ノストラダムスの預言の解読プロセスを説明するために来たとばかり思っているところにそれとはまったく何の関係もない話がいきなり飛び出した。とまどったが、とりあえず「それはできません」と答えた。先生はがっかりしたようすで「そうか」と言った。関先生の質問の意味（ヒーリング）はわかっていた。しかし、その方面の勉強は皆無であった。後になってどうして関先生がそんな質問をしたのかわかってきた。この当時、先生は（社）日本厚生協会の理事をしておられ、帯津病院（川越市）の帯津先生やS・A・Sの中川先生（先代）と交流が深く、又、気功について深い研究をしておられたのであった。ともあれ「ヒーリングはできません」と答えたので、ノストラダムスの研究発表のみに専念できることになった。1時に来いと呼ばれたものの、説明の機会は3時からだと言う。それまでの間は「ワシの話を聞け」と言う。先生の話というのは何だろうと少々困った。いつになったら新宿の事務所にもどれるのだろうかとやや不安になっていた。2時までの時間に、何人かが教室に入ってきた。みんななじみの顔らしい。

受付が始まった。受付けは関先生自らが行なっている。それを見ていてやっとわかった。この学園には事務員がいないのだと。だから電話するといつも先生がいきなり出ていた。受付けをしながら、教室に来ていた方々に資料をわたしていた。最後に私にその一部を手渡してくれた。そこには表に「統合科学大学講座」と印刷されていた。2時きっかりに先生は資料の朗読を始めた。その資料の棒読みであり、解説もなにもなくて、何のことかさっぱりわからなかった。それよりも何より、表紙の「統合科学」とどこがどう話と一致しているのかとまどうばかりであった。科学というより、ヘンな宗教のような話である。「汝、洗心せよ」と言う。ずっと後になってわかってきたのであるが、その資料はザ・コスモロジー発行の「宇宙の理」という月刊誌のコピー、あるいは田原澄著「宇宙学（上）（中）（下）」のコピーであった。科学性など皆無の文献である。数回通った後で私は午後3時に学園入りすることにして、前段の関先生の話を聞くのをやめてしまった。宗教色の強い話は聞くのに抵抗感があった。それでも少しばかりその資料が気になって毎回一部いただいて帰った。数ヶ月経て我が家にはその講座のコピーが山積みになった。

ある日、妻がこれを読んで言うには「この資料、すばらしい。人間いかに生きるべきかという最高の教えが書いてある」と。それで非常にびっくりして、全資料を初めから全部何度も読んでみた。その時から加速学園には午後1時に入るよう心改めた。学園通いを始めて半年が過ぎたが、関先生には神からの命令の件はいっさい言わなかった。ただひたすら預言書の解読の説明ということだけに行っているように振舞い続けた。3月に始めた頃、教室には数人の受講者が居たが、夏には満席になっていた。その中に出版社の社長がいた。その出版社は成星出版といった。その社長から預言書の解読を新たに出版してくれるようにと依頼を受けた。「未来からの警告」という本の原稿書きが始まっていった。

一―十三　創造主のこと

関先生による「洗心」の話と私の預言書解読の話とは一見して何の関係も無いように思えた。ところが、統合科学大学講座の教室は週を追うごとに参加者が増え続け、教室に入れない人々は階段に腰掛ける有様になっていった。その関先生がテキストに使っていたザ・コスモロジーの月刊誌「宇宙の理」の表紙をめくると、そこに毎号同じ話が印刷されている。次の文面である。

先ず宇宙創造神の御存在を知り、宇宙の真理を知り、宇宙創生から地球の天体上の位置を知り、かつ地球人類の措かれた立場を知り、星の世界の実状を知り、地球人としての行き方の誤りを覚り、人間の死後の世界を知り、霊波・念波の作用を知り、地球天位の大転換と一大天譴《てんけん》の来たる原因を知り、地球文明の根本的誤謬《ごびゅう》が那辺に存るかを知る必要あり

この内、一大天譴《てんけん》とは一万年に一度あるか無きかの大洪水や地震等の大自然災害のことである。つまり「宇宙の理」は大自然災害が必ずあるので、その時に備えて「洗心」すべしと話が続いている。洗心する者はその時救われると言う。救われる為に洗心しろという話なのである。その自然災害は年々ひどくなるばかりで一向に衰えを見せないことはすでに何度も書いている通りで、宇宙の理に書かれている通りである。一方、'95年に加速学園で話し始めた私のノストラダムスの件は全て、自然災害の話ばかりであった。関先生が「デカシター」と電話で言ってきた理由がずっと後になってわかってきた。預言書の話が一大天譴の話だったのである。妙に統合科学大学講座と調和していたはずである。そうとは知らず毎水曜日になると学園に足を運ぶ私であった。その加速学園に通い始めて半年後には出版社が現われて、新原稿を書き始めた。その前年、丸一年かけて40社近くの出版社に

当たって全て断られていた。「ノストラダムスの話は第三次世界大戦の話で自然災害のことなど聞いたことがない」と判で押したような返事であった。そのため、最初の本「ヨーロッパ大崩壊」は出版社による企画ではなく、新宿の仕事場のすぐそばにあった印刷所に頼んで印刷してもらった本になっていた。それが加速学園で話はじめたら、成星出版という出版社が目の前に現れたのである。その出版社による最初の本は11月に完成させることになっていた。しかも、その日に合わせて、フランス・ノストラダムス協会のミッシェル・ショモラ氏とノストラダムス博物館の館長ジャクリーヌ・アレマン女史が招かれた。協会のショモラ氏からノストラダムスの原書が贈られた。

それはまさに奇跡であった。日本で販売されている所謂《いわゆる》『原典』なるものは誤字、脱字だらけで研究には極めて不便であった。その情況を憂慮《ゆうりょ》したノストラダムス（幽体）がショモラ氏をして本物の原書を日本に持ってこさせたのである。その原書はショモラ氏が'93年4月に復刻版として写真技術によって完成させたものであるが、私が預言書の本格的な研究に入ったのも'93年で、妙に色々なことが符合している。もちろん'95年11月になるまで、ショモラ氏の存在を知らず、14日の対面は初めてのことであった。この原書の入手によって、解読は飛躍的に進んで行ったことは言うまでもない。なるほど神が「関英男博士のところへ行け」と命令してきたことの意味がわかってきた。しかし事態はそれに留まらなかった。

'96年になって『深宇宙探訪記（上）（中）（下）』を関先生からプレゼントされた。一年間、加速学園の講師を勤めたほうびだと言う。読み始めてすぐに大変びっくりした。他人事でなく、この本の内容は、かつて自分が体験した事実の通りであったからである。宇宙船に乗り、他の惑星の文明を見て、神々の世界へ行ってきた体験談である。この宇宙の旅には49人が参加し、そのメンバーをオディッセイ・メンバーという。メンバーは地球の各国から一名ずつとなっていた。本の著者オスカー・マゴッチはハンガリー生まれのカナダ人で、この宇宙旅行から帰ってきた後に、宇宙船のパイロットとして訓練を重ねている。そのマゴッチを日本に招待するところにまで話が発展していった。'97年4月、O・マゴッチが彼の友人と共に来日し、一週間にわたり日本に滞在した。私は成田に迎えに行く前週、滞在中の一週間のスケジュールを作っていた。その時、天から声が響き「そのスケジュールは現場を見て書いているのか」と言う。その声の主はまさに「関英男博士のところへ行け！加速学園」と命令してきた声とまったく同じであった。もはや一瞬のためらいもなかった。すぐに見学予定地の現場へ行くと、予《あらかじ》め書いておいた場所はその日、休園日だったりした。スケジュール表を書きなおさなくてはならないことは明白となった。無事にO・マゴッチ達の一週間にわたる滞在スケジュールをこなし、その間に、天の声についてもマゴッチ達に伝えた。すると、彼らは「その声の主は創造主だ」と明言した。ある事によってその特徴が明かされたのである。帰国を見送って後に、オディッセイ・メンバーが見た神々の世界と創造主の姿について絵を書いた。その創造主の姿は明窓出版刊21ノストラダムスシリーズの表紙に示している。私が書いた複数の絵を見て最も喜んだのはほかならぬ関先生であった。田原澄を介して洗心の教えを伝えたのは創造主であったからである。何人かの霊能者に確認した上で、創造主の姿について発表を始めたのは関先生の方であった。「わかった、わかった」と言って。預言書によると、ローマ法王交代の年の9月25日頃に、その創造主が姿を現わすという。その時、イタリアの人々を宇宙船が救助するとも書かれている。私にとってそれは奇跡でも何でもなくて、もはや現実と思われる。

一—十四　洗心について

関先生の最晩年には講演会にお供をしていく機会が多くなっていった。足が悪くなっていたからである。講演の内容は「洗心」の話が多くなっていった。洗心というのは「常の心」を守り「御法度の心」を起こさないようにする心がけのことである。「常の心」は「強く正しく明るく、我を折り、宜しからぬ欲を捨て、皆仲良く相和して、感謝の生活をなせ」

という7項目から成り立っており、「御法度《はっと》の心」とは「憎しみ、嫉《ねた》み、猜《そね》み、羨み、呪い、怒り、不平、不満、疑い、迷い、心配心、咎《とが》めの心、いらいらする心、せかせかする心を起こしてはならぬ」という14項目から成り立っている。

ある日の講演会で、関先生がいつものように右の7項目と御法度の心の14項目を説明し終ると、ある初老の御婦人が手をあげて関先生に質問を発した。「洗心というのはどのようにしたらできるんですか」と。あまりのことに関先生、しばらく絶句。どう説明したら良いのかわからないと言った御様子。

「今、言ったじゃないか、御法度の心の14項目を出さないようにすることじゃ。常の心でいることじゃよ。これ以上どう説明すればいいのかね」と。するとその質問の主はまた言った。「何かエキササイズというかその……修業の方法とかはないんですか」と、さすがの関先生もだんだんイライラしてきて、「何度も同じことを言わすな、修業というのは御法度の心を起こさないようにすることじゃ」と少々お怒りの御様子。とうとうその御婦人の質問をさえぎってしまった。

話を初めて聞く人にとっては「洗心」の意味がすぐにはわからないと私自身の経験にもとづいて考えていた。つまりその質問の御婦人が洗心について何もわからないということは理解できた。洗心グッズとか何か買って、日々練習でもするような話なのかと思ったにちがいないのである。この関先生と御婦人とのやり取りを目の前で見て以来、「もし、この質問が自分に向かってきたらどういうふうに答えようか」と考え込んでしまった。加速学園に通ってくる人というのは、延べ何十時間にもわたって学び続けるために、あまり問題は発生しないように見えていた。しかし短時間の講演で「洗心」の話をする場合に、どうすれば良いかという大問題が自分の頭の片隅に湧き上ってきた。

「常の心」の7項目と「御法度の心」の14項目とはそれぞれが別の話ではなく、紙の裏表の関係になっている。つまり、憎しみ、嫉み、猜み、羨み、呪いの心を持っている人というのは暗い人である。それらのマイナスの心が無い人というのは明るい人である。明るい心は「常の心」の一つという具合である。

ほとんど大部分の人々は御法度の心で365日、24時間過ごしていると言っても決して過言ではないだろう。自分の不幸を嘆き、世の中が悪い、人が悪いと言ってすべからく他人の所為《せい》にする。心、すなわち意識はエネルギーであり、波動を持っている。御法度の心としては、悪波動を発し続けると肉体的に影響し、病気になる。その反対に良い波動は病気を起こさないらしい。つまり、365日、24時間、御法度の心、すなわち悪波動を出さないように心掛けると自然に良い波動「常の心」になっていくことになる。

そうは言っても「なぜだろう」と不思議に思うことがあるもので、加速学園で最も多く発せられる質問があった。それは御法度《はっと》の心の一項目「心配心」である。亭主や子供達を心配するのは妻として親として当然のことと思われるが、どうして心配してはいけないのかと。この質問に対しては次のように答えることにしている。誰にも、守護神、指導神、守護霊がついている。従って心配するというのはそうした神々に対する越権行為なのである。自分の子であっても、魂は必ずしも関係ない。子には子の、親には親のこの世で果たすべき役割がある。そのため、それぞれ別の神々がついているというわけである。親は大抵の場合、自分の子を心配すると言いながら、自分の狭い価値観を子に押し付けている。宜しからぬ欲を子に押し付けているというわけである。つまり、すべからく心配心は起こしてはならないのである。

次に、疑い迷いの心は何故生まれるのかというと、神の存在を意識しないからである。「あなたは絶対守られている」のである。守護神、守護霊によってである。神の存在を疑ったり迷ったりしないように心掛けることが重要である。ただし人間の中には詐欺師や悪者がいっぱいいるので警戒心を持つことは怠ってはならない。大抵の場合、人間に対して疑いを持たず、神の存在を疑っていることが多い。話は逆である。

常の心の最初の項目、「強く」について。心の問題を言っているのであるから「心を強く」

という意味であるが、何のことだかこのままではわからない。逆になぜ人は「弱い心」を持っているのかを考えるとわかりやすい。神に守られているということを知らないから心弱くなるのである。神に守られているとわかれば、これほど心強いことはないとわかるであろう。要するに、「洗心」というのは「惟神《かんながら》の道」ともいう。惟神の道＝洗心と、ただそれだけではどうすれば良いかわからないので、神が細かく説明してくれているところである。それについてもっと詳しい勉強をしてみたい方には、是非、一二三朋子著の「神から人へ」と「神誥記」をお読み下さい。両方とも「今日の話題社」から出版されており、現代の我々が普段使っている言葉でわかりやすく書かれており、しかも神が一二三さんの指先を使って書かせた自動書記である。その本には「洗心」の二字が一度たりとも出てこないけれど、内容は洗心の話と同じである。

第二章　超資本主義

二―一　デフレ問題の行方

話は11月14日の船井オフィス訪問時に戻る。その日、予定時間を終って帰りの道すがら、紀伊國屋に再び立ち寄った。薦められた『超資本主義・百匹目の猿』（アスコム社刊）を買うためである。本を手にとると、9月8日に脱稿され10月24日付で発行されていた。まさに最近著である。読んでびっくり、私が知りたいと思っていたことが全て書かれてあった。第一にまず、デフレ問題の行方。そして資本主義の行方について。第一章二節に書いたようにベスビオが爆発する年には日本がデフレ中だと預言されている。はたして日本はデフレ問題を克服できるだろうか。

（船井）―超資本主義・百匹目の猿34頁以下

いま、日本経済で問題になっているのはデフレと不良債権問題です。この2つは不可分の問題ですが、まず最初にデフレについてお話しすることにしましょう。そのほうがわかりやすいからです。

政府は、デフレは克服できると考えて政策を行なってきました。しかし、拙著『断末魔の資本主義』（2002年1月、徳間書店刊）で指摘したように、デフレは世界的な傾向で、日本政府がコントロールできるものではないことは、いまや明白となっています。

景気浮揚のため経済対策にお金をつぎ込んでも、破綻《はたん》同然の銀行に金融危機回避のためだといって公的資金を投入しても、世界経済の大きな流れであるデフレの力の前には太刀打ちできないのです。


ベルリンの壁崩壊に始まる冷戦体制崩壊で世界は1つの市場になった

デフレというのは、ものの価格がどんどん下がっていく状態です。――中略――

いま、ものの価格が下がっているのは、供給が需要に比べて多い、すなわちものがあり余っているからなのです。売りたいものがたくさんあるのに、買いたい人が少ないから価格が下がっているということなのです。

それではなぜ、ものがあり余るようになったのでしょうか。

その歴史的転換点となったのが、冷戦体制の崩壊です。世界的なデフレ傾向は、冷戦の終焉《しゅうえん》とともに始まったのです。

1989年11月9日、ベルリンの壁が崩壊するとともに、世界経済はインフレの時代からデフレの時代へと静かに舵《かじ》を切りました。需要過剰の時代から供給過剰の時代になったのです。

ベルリンの壁が象徴する東西両陣営の冷戦は、実際にミサイルや爆弾の応酬《おうしゅう》をすることはありませんでしたが、経済的側面からみるとまぎれもなく戦争でした。資本主義陣営と共産主義陣営に世界は大きく二分され、経済的な交流が制限されていました。

自由な貿易ができなかったのです。

COCOM（対共産圏輸出統制委員会）を引き合いに出すまでもありません。軍事物資、ハイテク兵器に使われるように機械だけでなく東西両陣営のあいだにはさまざまな貿易の障壁がありました。鉄のカーテンのもと、世界の市場は自由主義経済圏と共産主義経済圏の2つに分けられたのです。

ここで市場というのは、単に小麦や石油の市場という意味ではありません。労働力の市場も含んでのことです。

ものの動きも冷戦体制崩壊によって大きく変わりましたが、それ以上に時代を大きく動かすことになったのが、この労働力の市場の崩壊だったのです。グローバリゼーションという言葉が広く使われるようになったのも、この頃からでした。——中略——

労働力はあっても、技術力では日本など先進国と大きな差があるといわれていた中国を変えたのは、ＩＴの進歩でした。熟練労働者がいなくても、数値制御（Numerical Control）で動く最新の機械を導入することによって、日本をはじめとする先進工業国並みの工業製品をつくることが中国でも可能になったのです。

市場経済化してから、中国には大きな工場がどんどんできました。日本やアメリカ、ヨーロッパの資本が入り、中国との合弁企業がたくさんできましたが、いまや中国独自の企業も育っています。

このように、中国の市場経済化によって、雇用とものの価格のバランスは大きく崩れることになりました。

世界中の発展途上国が工業化するまで労働力過剰によるデフレはおさまらない

中国が資本主義経済のもとに組み込まれるようになって、世界は需要過剰の時代から供給過剰の時代を迎えることになりました。

この原動力となったのが、１９８９年から始まった共産主義崩壊だったのです。ヨーロッパでも、旧東ドイツ、東欧の国々が資本主義経済のもとに組み込まれることになりました。

そして、このような時代の流れは、世界中に広がっていきました。まさに「百匹目の猿」現象です。

中国では「盲流」「民工潮」といって農村から発展を続ける沿海部への人口移動が盛んです。これらの人々が労働市場に流れ込んで、世界の雇用とものの価格のバランスをどんどん崩していきました。

中国は「一人っ子政策」をとっていて、人口統計は実際より数字が少ないといわれていますが、それでも13億人近い人口だといわれています。いま、沿海部で工業生産に携《たずさ》わっているのは、そのほんの一部にすぎません。

13億人の人々が完全に資本主義経済のもとに組み込まれるまで、この状態は変わらないでしょう。

しかも今後、資本主義市場経済に組み込まれることになる国は中国だけではありません。人口10億人を超えるインドをはじめ、アジアには工業化を待つ発展途上国がたくさんあります。理論的には、アジア、東欧、さらにはアフリカの国々の工業化が完全に終わるまで、雇用の過剰は続くことになります。

中国の賃金は日本の25分の1から40分の1くらいだと私はみています。自民党の厚生労働部会がまとめた『平成14年版労働経済の分析案』では、日本の製造業の賃金を100として、韓国、台湾などの賃金は40～50、東南アジア諸国は10以下、中国やインドは1～2だとしています。

このような賃金の格差が技術レベルを含めて均衡《きんこう》し、地球上のすべての人々が市場経済に組み込まれ、市場に参加するすべての人々が消費者として需要を生み出すようにならなければ、デフレは終息しないと私には思えるのです。それが、かなり先になることは、もはや疑いの余地がないでしょう。このデフレが長期間続くと資本主義は維持できなくなるのです。

デフレという世界経済の構造変化の大きな流れは、もはや日本という国家レベルでは当然のこと、世界の超大国であるアメリカでも、さらにサミットや国連レベルでも止められるものではありません。

すなわち、デフレはもうどうしても止めることができないということなのです。


（池田）と言うことは、ベスビオの爆発が近々起こっても不思議でも何でもないということになる。もはや時間の問題。それが'04になるのか、'05かあるいはもう少し遅れるのか断定する根拠は無い。確かなことは、ベスビオの活動の始まりである、最初の直下型地震が非常に大きくて現法王がその地震でお倒れになるという話で、それはそのまま法王交代の年になるという一件である。しかもその交代の選挙中に、資本主義が崩壊すると預言されている。船井先生の本によっても、「デフレが長期間続くと資本主義は維持できなくなるのです」と書かれている。11月30日、日銀の福井総裁は来年度もデフレが続くとの見通しを示した。デフレからの脱却が容易でないことを誰もが認め始めている。

二―二　資本主義の終焉

第一章二節後半に書いたように、ベスビオが大爆発する頃、世界恐慌が来て資本主義は崩壊すると預言書は述べる。その資本主義について2002年1月31日付で船井先生が徳間書店より発刊した『断末魔の資本主義』という本の中で重大な話をしておられる。この本は同年1月20日頃、なんとなく立ち寄った小さな本屋の店頭に平積みになっていたのを発見し、ただちに読んだ。経営のプロ、お金もうけの名人たる船井先生がなんと、資本主義は終ると書いていたのである。驚愕《きょうがく》と言う以外、何と表現して良いのだろうか。その本の執筆は'01年12月とまえがきにあることから、船井先生は新世紀に入ってすぐに重大な心境の変化の中にあったと推測される。その本の執筆中に、関英男博士が他界されたことを知ったに違いないが、お別れの会に参加された日にはすでにかなり書き進まれていたと考えられる。以下『断末魔の資本主義』120頁以降から抜粋する。

（船井）――人間のエゴによって誕生した資本主義

ヨーロッパではこの三〇〇年あまり、アメリカではこの二〇〇年あまり、そして日本でもこの一〇〇年あまり、われわれの生活を支配してきたのが「近代」＝「西洋文明」的な考え方です。そして、この考え方の根本に、個人主義という価値観があります。近代というのは、封建制度から解放されたのち、個人主義をベースに発達した時代なのです。

そして、資本主義こそ、この個人主義とともに発展したシステムだったといえるでしょう。

資本主義が誕生する前、ヨーロッパは農奴を最下層に組み込んだ封建制度の時代でした。封建領主の高率の税金に苦しむ農民が蜂起し、その動きが一三世紀から一四世紀にかけてヨーロッパ全土に広がり、封建制度は崩壊していきます。

そこに、産業革命が起こり、資本主義が発展していくことになります。

資本主義は、人間が我欲＝自我＝エゴを一番大事なものとして作り上げたシステムです。自分が一番、エゴが一番大事であるということが理論化されて、大きな時流となっていきました。これとともに産業革命が起こり、近代科学も誕生したのです。

その後、一八世紀の後半にフランス革命が起こりました。フランス革命には封建国家に対して国民が自由を勝ち取ったというイメージがありますが、一七八九年八月の人権宣言の大前提となったのは、人間にとってエゴがもっとも大事なものだという考え方です。

エゴを大事にすることを前提とした人間社会で共同生活をしようと思ったら、博愛も大事にしなければなりませんし、平等も自由も大事にしなければなりません。エゴが大事、自分だけが可愛いでは社会は成り立ちませんから、博愛と平等と自由を掲げたのです。

それを表しているのが、フランス革命のときに制定された、青（自由）・白（平等）・赤（博愛）からなるフランスの三色旗といえるのです。

その後、ヨーロッパには二つの社会体制が生まれました。自由よりも平等が好きという人たちが目指したのが社会主義であり、共産主義です。それに対して、自由のほうが平等より好きという人々が目指したのが資本主義と考えてもいいでしょう。

こうして、西洋文明における「近代化」は相反する二つの制度、いわゆる資本主義制度と共産主義制度を生み出しました。

ところが、よくよく考えてみると、個＝我（エゴ）はどうしても共同生活を破壊する方向に働きます。さらに、自由と平等は相反する概念ですし、エゴと博愛が結び付くことは不可能です。

共産主義も資本主義も、その出発点において、すでに矛盾を抱えたシステムだったのです。というより、近代的発想＝エゴが何よりも大事ということが、大きな矛盾なのです。

「自然の摂理」に根元的に反する思想ともいえそうです。とりわけ、エゴを最重要視することで肥大していくシステムである資本主義は、その発展、成熟とともに、論理的にも現実的にも、さらなる矛盾を生んでいくことになったのです。

二一世紀、「宇宙の意志」の時代が始まった

それでは、矛盾を抱えた資本主義が、なぜこれだけの繁栄を築くことができたのでしょうか。

これについて私は、人間のエゴが、ある範囲までは資本主義とぴったり合ったからではないかと思っています。

エゴというのは、目先の権力欲や名誉欲、金銭欲、所有欲、そして快楽を追い求めていくものです。汚い手段を使ってもなんでもいいからお金を求めるというエゴを、その気にさえなれば、そして行動すれば、あっという間に満たしてくれる仕組みが資本主義なのです。矛盾を抱えながら資本主義が発展してきたのは、このように目先の我欲を巧みに取り込んだシステムだったからなのです。

地球環境を破壊するとか、人間の生き方に不調和をもたらすなどという面倒なことについてはほとんど考えることなく、欲望のままに行動し、お金儲けのことだけを主に考える。これが、

資本主義の本質ともいえそうです。──中略──

資本主義は性悪説を基本にしたシステム

先に述べたように、資本主義も共産主義も、まったく同じ出発点、つまりエゴが大事だという前提のなかで、自由か平等かのどちらを主に選んだかにすぎません。自由が平等より大事だという人間のエゴに従って、共産主義というか社会主義は、いま地球上からほとんど消えました。しかし、エゴと博愛が、いま争っているのです。

現代社会は、いわば、エゴと博愛というまったく相反するものが対立し、拮抗《きっこう》している状態だと思います。

資本主義が発達するとともに、お金がすべての価値を決める世の中になりました。お金がすべて、いまがすべて、自分がすべてであるという発想の社会になってきたのです。

当然、矛盾が表面化してきます。そしていま、積もり積もった矛盾が、日米を中心とする資本主義国の不景気と、対テロ戦争というかたちで表れることになりました。

このような矛盾するものを内包している資本主義に対して、自然は調和しています。自由で、開けっ放しで、秘密も何もありません。融合はしても、不自然な分離はしません。助けあいはあっても、不要な競争はないのです。

しかし、資本主義の根本のエゴには矛盾があります。エゴが高じると、自分の自由のために他人の自由を束縛したくなってしまうのです。それが、いまのアメリカにもっとも強く表れているようです。

ビル・トッテンさんの話を引用しましたが、一部のお金持ちが自分たちのためだけに国を動かしているようにみえるという現実に、共産主義の末期と限りなく近いものを感じます。

資本主義社会は競争を是としている社会です。勝つためには、人は悪いことだってするものだという前提に立っているといえるでしょう。資本主義は性悪説を基本としているのです。性善説で成り立っているのが「自然の摂理」＝「天の理」とするならば、性悪説はいままでの「地球上の基本的ルール」＝「地の理」の根本ルールかもしれません。――中略――

環境破壊、食糧不足……資本主義は誰も幸せにしない

人間は自然の一員ですから、基本的には自然に従わなければなりません。自然には、「自然の理」というものがあります。

「自然の理」は、非常に単純で、調和していて、アナロジーで、融合して、ムダやムリがな

くて非常に効率的で、競争せずに協調して助けあい、自由で、束縛をしない、干渉もしないで、搾取《さくしゅ》もしない……というものです。私はこれを、「宇宙の意志」に従った「天の理」といっています。

これに対して、資本主義は進めば進むだけ複雑になって、競争しなければならなくなります。あるいは、調和を乱したり、秘密をつくったりするようになります。ムダをつくるのも資本主義ならではのことです。

このように資本主義は、考えてみれば、まったく「自然の理」に反するものなのです。ですから、資本主義は発展すればするほど矛盾を表出することになります。やがてソフトランディングするにせよ、ハードランディングするにせよ、いずれにしても長続きはできないものだと思います。

環境破壊もまた、「自然の理」に反した資本主義がもたらしたものと思います。

環境破壊の面から考えると、今後資本主義社会に組み入れられていく中国は深刻な問題に直面することになると思います。──中略──

それよりも、現在のまま、農業主体の生き方をしていくほうが、人類のためにも、中国のためにも幸せではないかと思います。この農業主体の生き方については、（断末魔の資本主義）第四章で詳しく説明します。

資本主義の崩壊とともに西洋文明も崩壊する

人類の未来を素晴らしいものにするために、たぶん資本主義は近未来に崩壊し、これまでの社会システムは根本的に変わっていくだろうというのが、私の結論です。それが、「宇宙の意志」のように思えます。

資本主義の崩壊というのは、言い換えれば西洋文明の崩壊でもあります。資本主義と共産主義の対立、東西冷戦というのも、西洋文明的な考え方で、対立相手があるからこそ、バランスがとれていたのです。一つになったら潰れてしまうのが西洋的な考え方です。

しかし、本当は一つでいいのです。

みんな一つになって融合するのが究極的に一番いいかたちなのですが、現在の地球人のエゴ中心のレベルでは難しいところで、融合したらどうにもならないというのが現実です。

いまのままのシステムでは、融合イコール独占になってしまいます。

独占というのは、エゴ中心のシステム下では一番いいかたちだといえるのです。

最近の企業は、数の論理を追い求めるあまり、巨大化を目指し、結果として寡占《かせん》状態になる傾向が見受けられます。生き残りをかけて合併するということが、まるで流行のようになっています。その究極のかたちでもあります。

エゴの社会というのは、コンフリクト・インタレストの世界です。すなわち、利害の衝突です。いま、企業が統合を目指しているのは、自分のエゴを最大限に満たすためともいえるのです。

これに対して自然は、「慈愛の心」で融合し、一つになっています。

結局、行き着くところは「慈愛の心」だと思います。「慈愛の心」で政治を行なうのであればいいのですが、自分のために、あるいは国益のために政治があると考えているようでは絶対にうまくいかないでしょう。

アフガニスタンへの爆撃などで一日に一兆円も二兆円も戦費が消えました。そのお金をアフガニスタンに投資して学校や病院をつくればテロがなくなるのでは……と思います。

なぜ、そう考えることができないのでしょうか。

資本主義社会では、その一兆円をさらに増やさなければならないからです。けっして学校や病院をつくる資金には回らないのです。資本主義社会での基本的な考え方は、「慈愛」ではなく、「自愛」から出発するのです。

アメリカは、まだ若い国です。力の論理を振り回し、回りの国を押さえつけて、拡大、拡大でやってきました。それは歴史が証明しています。そのアメリカが、世界最大の資本主義国になりました。

アメリカを動かしている政治家や資本家は、常識的には今度のテロの件を機に、おそらくあと二〜三年内に、さらに世界をリードしてしまおうという戦略を立てていると思います。

そのために、共産主義の牙城《がじょう》であるソビエト連邦が一九九一年に崩壊したし、アメリカ経済は一九九〇年代に繁栄したのだと思います。

その延長として、今回の対テロ戦争も組み込まれていたようにも思います。この戦争によって、アメリカは再び浮上するというシナリオになっていたのかもしれません。

しかし、この戦略は、「宇宙の意志」によって、今後変更を余儀《よぎ》なくされそうです。もはや、アメリカを牙城とする資本主義体制は断末魔《だんまつま》の時を迎えているようにみえます、これはある意味で、西洋文明の終わりと言っていいと思います。

うばい合えば足らぬ　わけ合えばあまる　　相田みつを……（池田の挿入）

二――三　突然の崩壊

（池田）ベスビオの活動によらずとも、資本主義はその根底にある「エゴ」によって、自ら消滅するという船井先生の分析である。その終末がゆっくり進行していくか、突然終わりを迎えるのかという観点に立つと、私は「突然終わる」と言わざるを得ない。というのは、資本主義が終わりに向かってゆっくり進んでいき、その間に、新しい文明の技術が芽を出して育ち始めるというプロセスは預言書には見えないのである。もしそのようなゆっくりした変化が起こるとすると、テロはその間ずっと存在し続け、日本のデフレはずっと続き、世界的食料飢饉はゆっくり起こり続け、日本の自衛隊のイラク駐留も長くなり、世界的異常気象は年々ひどくなりながら終らないという話が展開することになる。さらにヨハネ・パウロ二世はその間、ずっと長生きされるという話になる。そうはならないと預言書は言う。

本稿を書いている間にもフランスでかつてない大洪水が起こっている。11月末にリヨンからマルセイユにかけて、200ミリを超える集中豪雨があり、ローヌ川流域の都市が水没した。それは「あっ」という間に起こり、人々は目が覚めた時にはすでに部屋に水が入ってきていることに気づいたくらいである。12月10日になってもなお、南仏のアルルの町は水没したまま、ローヌ川の堤防は崩れたままで復興はままならない。流域の都市が水びたしになっている頃、今度はロアール川が氾濫を始めた。2000年の9月から翌年の6月の大洪水の時にも、2002年秋の大洪水の時にもロアール川の氾濫はニュースになっていなかった。70才位の地元男性は「こんなすごい洪水は経験したことない」とF2の記者インタビューに答えていた。雨の降り方がこれまでと変わってきた。冬に洪水が多くなり、雪が少なくて、スキー場が経営していけなくなっている。

こうした洪水がフランスに起こる時にローマ法王の交代を迎えると、預言書に書かれている。そのことが'04年ではないと断言する根拠がもはや無くなってしまった。つまり資本主義の崩壊が'04年9月に突然来るという話は極めて現実的に思えるのである。ここで船井著『超資本主義』の24頁を見てみる。

世界のマーケットを動かす莫大な投機資金の流れ

そして、このような株式市場の動きの背景には、もっと大きな世界的な投機資金の流れが関係しています。

私の友人の増田俊男さんは、世界のマーケットを動かす「資本の意志」と「力の意志」を読んで市場の動きを読むので有名ですが、彼はこんな見方をしています。

「世界の金融マーケットでは、1日300兆円といわれる莫大な額の投機資金が、1円でも多く儲けることのできる場所を探し求めて忙しく動き回っている。昨日、日本の株式市場にいたかと思えば、もう今日はアメリカの債券市場にいる、といったように、世界中を行き来している。

ひと口に300兆円というが、これはアメリカの国家予算（約230兆円）と日本の国家予算（約80兆円）365日分の合計とほぼ同じ額である。これだけ巨額のマネーが、たった1日のあいだに世界中のマーケットを動き回っているのである」（増田俊男著『目からウロコのマーケットの読み方［上］』2003年4月、アスコム刊）

すなわち、いまや世界のマーケットを動かしているのは、投機資金の流れなのです。そして、この株高の背景にあるのが、世界的な国債バブルの崩壊です。

（池田）世界恐慌の突然の到来によって、この300兆円はいったいどこに向かうのであろうか。預言によると、それはただちに金（ゴールド）に向かい、少ない穀物市場へと向かい、オイルを買う資金に流れると言う。現物買いである。株式市場が終っても、まだ世界の余剰資金はエゴのシステムの上にあるが、それも翌年には終るであろう。少ない量の金《きん》に資金が殺到する光景は末期の資本主義の最後の姿である。オイルに何故資金が流れるかというと、オイル生産が少なくなるからと考えられる。その理由は中東における大洪水、砂漠に雨の預言にある。

12月10日、読売新聞の朝刊は、雨で水びたしになったバグダッドの写真を掲載している。イラクの雨は小泉首相の派兵発表によって一般のニュースにはなっていないが、砂漠にも雨が降る。一万年に一度あるかなきかの大洪水が中東一帯に現われるらしい。その地域は、イラン、イラク、シリア、イスラエル、そしてトルコである。時期的には法王交替の前、夏頃と思われる。チグリス、ユーフラテス両川の地域には三千年位ごとに文明の遺跡が埋まっていることを考古学者達が発見している。多層に埋まっている各文明の上に今の文明が築かれているのである。'04年に派遣される日本の自衛隊はその大洪水を自らの目で見ることになるかもしれない。テロ対策、暑さ対策、砂嵐に対する防御《ぼうぎょ》はしていっても、まさか砂漠に大洪水が発生するとは考えていないだろう。その情況は今、イラクに入っている各国の軍隊とて同じである。石油プラントはその大洪水に対処できないであろう。つまり、石油供給が少なくなると考えられるのである。石油高騰はこうして始まっていく。穀物高騰はレスター・ブラウンのレポートですでに述べた。日本は石油に頼らないエネルギー技術をすでに持っている。ソーラーシステムやエコカー、その他である。今すぐにでもそういった先端技術をもっと前面に出して、実際化すべきである。その件についても船井先生はすでに知っておられるようである。

二―四　「天の理」「地の理」（船井）―超資本主義・百匹目の猿271頁以下

いまの地球を支配しているのは「地の理」といってもいいものだと述べました。いま、さまざまな本物技術が続出していることを、「地の理」がもはや通用しなくなりつつあるという事実と併せて考えたいのです。

「地の理」には、次のような特徴があります。

①複雑　②不調和　③競争・搾取　④秘密　⑤束縛《そくばく》　⑥不公平　⑦分離　⑧デジタル　⑨ムダ・ムラ・ムリが多い　⑩短所是正　などです。―中略―

このような「地の理」は、ここ数年来、経営の世界では、急速に通用しなくなっています。官僚というシステムが機能しなくなっているのも、西洋医学で解決できない病気が出てきているのも、10年以上にわたって日本の景気が回復しないのも、このような「地の理」に従った手法ではすでに限界にきているからだと私は思っているのですが、いかがでしょうか。

どうも成功している企業や人は「天の理」で動いているようだ

「地の理」に代わって、ここ数年強くなってきているのが「天の理」です。これは「真の自然の摂理」のことです。

地球ももともと「天の理」によって動いていたのですが、（超資本主義・百匹目の猿の）第1部で紹介したように、人類のDNAの嫉妬心のスイッチがオンになって、「地の理」が支配するようになったと仮定できるのです。

「天の理」には、次のような特徴があります。
①単純　②調和　③共生（協調）　④開けっ放し　⑤自由　⑥公平　⑦融合　⑧アナログ　⑨効率的　⑩長所伸展
①の「単純」というのは、物事が明快で誰にでもよくわかるということです。複雑で、特別な人にしかわからないものは、自然にはありませんし、地球上でも今後はなくなりそうです。とてもシンプルで、少し勉強すれば、そのすべては誰でも納得できるようになります。
②の「調和」というのは、これからは周囲の人やもの、そして自然と調和して生きることができるようになるだろうということです。環境を汚染することなく、人と争うこともなくなるでしょう。エゴにまかせるようなことはなくなりますから、周囲とのバランスを崩すことなく生きることができると思います。
③の「共生（協調）」とは、競争や対立する価値観がなくなり、平和に暮らすことができるようになるということを意味します。人を出し抜いたり、追い落としたりするということがな

くなるはずです。

④の「開けっ放し」というのは、秘密がなくなり、情報を独占することによって自分たちの権益を守ったりする必要がなくなるということです。すべての人たちが知識を共有することになりますから、さまざまな技術開発も、飛躍的に進歩することになるでしょう。

⑤の「自由」は、何をいまさらと思うかもしれませんが、「地の理」の支配する社会では際限のないエゴを抑えるために、法律や規則などの束縛が必要でした。「天の理」の社会ではエゴがないといっていいのですから、束縛する必要がなくなるということなのです。法律も罰則も、そのうち不要になるでしょう。

⑥の「公平」については、先に紹介したような貧富の差や差別がなくなりますから、すべての人が平等に幸せに生きることができるようになります。これにより、とても豊かな社会が実現することになると思われます。

⑦の「融合」については、最近、認知されるようになってきたホリスティック医学を例にあげておきます。

「精神・身体・環境がほどよく調和し、与えられている条件において最良のクオリティ・オブ・ライフ（生の質）を得ている状態」を健康と考え（日本ホリスティック医学協会）、臓器別や検査値による医療ではなく、全体として人の健康を考える医療を行なうのが医療現場での方向性となってきました。

⑧の「アナログ」は、さまざまなことを有機的にとらえ、全体として判断していく考え方です。欠点があっても、それを上回るいいところがあれば評価されますし、結果だけでなく過程も評価されます。

⑨の「効率的」というのは、まさに先に紹介した「ムダ・ムラ・ムリ」がなくなるということです。ここまでに紹介してきたように、単純で調和し、開けっ放しになりますから、わけのわからないもの、必要のないものが何かは、はっきりわかるようになります。対立もなくなりますから、物事がスムーズに進行するようになるでしょう。ちなみにＩＴ（情報技術）化は、ムダ・ムラ・ムリを除くものです。

⑩の「長所伸展」というのは、いいところを伸ばして生成発展していくということです。苦手なこと、嫌なことをする必要がなくなるでしょう。得意なこと、好きなことを追求することによって、どんなものも効率よく発展していきます。これが宇宙の原理というか「自然の摂理」のようです。

最近、成長している企業、そして成功している人をみると、ここで説明したように「天の理」で動いている人や会社であることがよくわかります。

このように、世の中の流れが変わってきましたので、以前は経営体では、策略やテクニックがとても有効でしたが、いまやそういう小手先のことでは通用しなくなってきたような気がします。

資本主義の断末魔の苦しみは超資本主義の産みの苦しみ

私は、このような「天の理」の台頭と本物技術の出現こそ、人類が滅亡せずに次のステージ、すなわち超資本主義の時代に進めることの証《あかし》ではないかと考えているのです。——中略——

「地の理」によってできたシステムは急速に崩壊し、「天の理」によって地球人が動くようになる、そのとき地球は第4レベルの星になれるということなのです。究極的には、人間からエゴがなくなるでしょう。

これからはさまざまな、第4レベルの星への移行期現象が地球上で起きることになるでしょう。それによって既成概念、すなわちいままでの私たちの価値観がどんどん破壊されていくことになりそうです。

その移行期現象の1つが、現在起きている「びっくり現象」の続出です。

たとえば私の周りには、さまざまな不思議なことのできる人たちが集まってきています。意識でスプーンを折ってしまえる人、リモートビューイング（遠隔透視）ができる人、未来予知ができる人、物質化現象が起こせる人、動物と話ができる人など、さまざまな能力をもった人たちです。常識では、どれもありえないことです。しかし、このような人は確かに現実に、私の知人に存在しています。

さらに、これまでの価値観を根底からくつがえすような、これまでは考えられなかったことが次々起きています。

ベルリンの壁崩壊に始まった共産主義崩壊、本来なら当選するはずのなかったブッシュ大統領や小泉首相の誕生、さらには米同時多発テロなど、これからしばらく、本当に仰天するようなことが起きるだろうと予感しています。

また、移行期に特有の現象として、社会不安が高まっていきそうです。価値観の変化のなかで、不安心理が高まっていくのは移行期の特徴と考えられますが、これは大変化のときには付き物といっていいでしょう。

さまざまな常識外の犯罪が起きているのも、この社会不安によるものと考えられます。これまでの世の中のシステムが崩壊していくのですから、頭が正常でなくなる人も出てくることになります。

このように、共産主義が崩壊し、超資本主義へ向かう過程で、対テロ戦争、どうしても出口のみえない日本の不景気など、いま、人類はさまざまな苦しみに出会っています。

こういう現象は、古い制度が崩壊するときの「断末魔のあがき」のようなものだと思うのです。私は『断末魔の資本主義』（徳間書店刊）という本を2002年の1月に出版しましたが、これからも何年間かは、まさに「断末魔のあがき」のようなことが数々起きるだろうと思えるのです。

そして、資本主義の断末魔の苦しみは、超資本主義の産みの苦しみでもあるのです。

宇宙の法則は無限の愛と調和、そして進化である。この法則に入らない一切の行為は無効となる。（池田）

二―五　新しい農業政策

デフレは続く、いつまでも。資本主義も終る、近い内に。と、船井先生の明確な分析であった。それでは、食糧飢饉に陥らない日本の農業についてはどうであろう。全世界的な異常気象が進行する中で、日本だけが飢饉に見舞われないで済むと預言書は言う。それはきっと農業の新しい形があるからに違いないと船井先生に伺ってみた。いくつかの答えが用意されていた。以下はその内の一つ「不耕起栽培《ふこうきさいばい》」について、「超資本主義・百匹目の猿」

の110頁以下で次のように言っている。そこに登場する岩澤信夫さんは日本不耕起栽培普及会の会長さんだそうです。

稲という植物の生命力を活かす、成苗による「耕さない」米づくり

そして、この天候に左右されない丈夫な苗が、より多くの粒をつけるのを知った岩澤さんがたどり着いたのが「耕さない」農法でした。―中略―

不耕起栽培の実用化に向けて、全国200ヵ所の農家で実験が始まり、少しずつ不耕起栽培を取り入れる農家の輪が広がっていきました。

低温下でじっくり育てた成苗と不耕起を組み合わせることで、稲の生育はガラリと変わります。

不耕起栽培は、田んぼを耕さないので、当然、田んぼの土は硬いままです。そこへ植えられた稲の苗は、簡単に根を伸ばすことができません。そこで稲は、エレチンという野生植物のもつホルモンを分泌して根を太くするのです。

こうして強くたくましく育った稲は、冷害や異常気象にも負けない強い稲になりました。1993年の冷害の際にも、不耕起栽培の根だけはきちんと米を実らせました。

がっしりした根張り、大きい株、それに何より登熟期の活力が非常に高くなり、慣行稲に比べて穂数も多くなることもわかりました。

しかも、収穫時期になっても葉は緑のままで、多収穫の壁であった秋落ちもほとんど見られないのです。収穫が終わって水田に散らばった稲ワラも、まだ緑色を残しています。

不耕起・無農薬・脱エネルギー農法がこれからの農薬を変える

岩澤さんの不耕起栽培には、もう1つ「脱エネルギーを目指す」という目的があります。

農業を営むためには、最低でも15～30ヘクタールという土地が必要です。この広い土地で安定した米の収穫をあげるため、耕運機は不可欠とされてきました。

多くのトラクターをつくるための資源や、それを動かすための資源には化石燃料が必要です。たとえば、1反分の畑に使う石油量は、1年で約175リットルにもなります。

しかし、肝心の石油資源は、この先30～50年後には枯渇してしまうおそれがあるといわれています。つまり、私たちの子や孫の世代に使えるエネルギーには限りがあるのです。

不耕起栽培はトラクターを使わず、耕さない農法です。刈り跡の切り株の残る水田に、そのまま田植えをするので、秋起こしや寒起こしなどの耕起にかけるエネルギーを省力化でき、人手と時間も節約できる新しい農法なのです。

さらに、岩澤さんは農薬を使うことをやめました。

それまで、秋草・冬草対策として除草剤だけは使っていたのですが、それをやめるために、刈り取ったあとの田んぼに米ぬかをまき、水を張る「冬期湛水《たんすい》」を行いました。水のなかでは雑草の芽の成長が抑制されるからです。

それで春になっても雑草が生えてこなくなったのです。

また、水を張ることでイトミミズが大発生することが確認されました。その数およそ1年で10アール当たり200万匹、2年目には300万匹になっていました。

このイトミミズの排泄物は、田植えの時期までに約5センチにも達するトロトロとした層になり、雑草の種を覆ってしまうので、発芽を抑制することもわかりました。この抑制効果は田植え後も続き、拾い草をする程度で、除草不要になったといいます。

大きな難題だった草退治が、水田に棲む生き物の働きで解決できることを発見して、岩澤さんは驚きました。あとで、このトロトロの層は稲の発育にも化学肥料以上の効果を発揮することがわかり、一般の有機栽培以上の生育と収穫を確保できる目途がつくことになりました。

農業はいつも草との闘いです。私も、千葉県の不耕起栽培の田んぼを訪れて、雑草が生えていないので大変感激しました。

というのも、私が子供の頃、農作業の手伝いをしていたときに、人手が足りなかったので、冬のあいだ、田んぼに水を張ったままにしておいたことが何度かあったのです。そこにほとんど草が生えなかったことを思い出し、自然耕の米づくりの意味も理解できました。―中略―

岩澤さんは何十年もかけて自然との折り合いをつけながら、自然の環境を壊さずにできる農業技術を開発しました。これは間違いなく「本物技術」です。

不耕起栽培は、安全な水と米が提供できるだけでなく、危険な薬品も無駄なエネルギーも使いません。

これは、数十年に1度の大発見であり、本物技術といえるものです。エネルギー消費型稲作からの脱却法として、また安全な稲作手法として、大きな意義があると思います。

二―六　テンジョウマイ

（池田）11月14日の最初の対談中に船井先生は「テンジョウマイがあるよ」と言われた。農業政策について尋ねた時である。異常気象が余りに激しくなってきているので、米作を工場生産化できるという。「何ですか、テンジョウマイって」と思わず聞きなおした。「天井から稲を吊るすんだよ」とびっくりするような答え。以下は『超資本主義・百匹目の猿』

の207頁にでてくる話で、そこに登場する倉田さんという方は日本理化学研究所の倉田大嗣所長のことである。

さらに、食糧問題を解決する画期的な技術も開発しています。天井から米をぶら下げて育てる「天井米」という技術です。

天井米とは、文字通り天井に苗床をつくって、そこにモミを植えるものです。下から光を当てることで、米の穂はブドウのように下に伸びて実を結びます。

目に見えないエネルギーの研究を続ける過程で、倉田さんは、光（宇宙エネルギー）と温度と養分の3つをコントロールすることで、植物はより成長することに気づいたそうです。

通常の米は太陽の光が上から当たるので、上に向かって伸びます。重力に逆らって伸びるわけですから、葉と穂を支える茎をつくるためには2、3ヵ月の長い時間が必要になります。しかし、下から24時間光を当ててつくる天井米は、わずか1ヵ月という短い期間で収穫することができるようです。

すでに8世代目に入ったという倉田さんの天井米は、茎の長さは約15センチ、葉の数は5、6枚ですが、穂の長さは約40センチと通常の米と比べて遜色《そんしょく》ありません。もちろん、農薬はいっさい使いませんから安心です。

試食会などで実際に収穫された天井米を食べた人たちからは、「しっかりした歯ごたえがあって、甘みも豊か」、「おかずがなくても、たくさん食べられる」という反応があったそうです。天井米には、広大な田んぼは必要ありません。都会のビルのなかでも米をつくることができます。そしてこの技術は、米の生産だけでなく、野菜や果物に応用することも可能です。

(池田) これを読んで、工場生産による米作り「天井米」の話にはほんとうにびっくりした。船井先生のお書きになった数々の本、その内の一冊でも手に取って、ほんのちょっとでも読むと大変多くの農業政策が示されているのがわかる。流石に京都大学農学部出身の船井先生である。その船井先生が『超資本主義・百匹目の猿』の最後のほうに近未来の日本の農村風景をイメージして書いているのでその部分を見ておく。

いまでも、地方から都市部への人口移動は止まっていません。しかし、かつてのような勢いはありません。しかしいま、高いビルが集中して建設されている東京の都心部を見ていますと、心ある人々は、東京はもはや人の住むところではないと考え始めているようです。

ともかく、地方から都市への人口移動の流れが逆転し、農業回帰する都市部の人たちの奔流が怒涛《どとう》のように地方へ向かう時代が、近未来に訪れるように思われます。

その都会から農村へ向かう人々の奔流が、超資本主義時代の到来を告げることになるのです。

農業が格好よく感じられるようになり、農村での生活への憧れが強くなる

かつて農村から都市部へ向かった人たちは、都会生活への強い憧れがありました。新しい流行や試みなどは、全部都会がその発信源となっていたからです。

その裏返しとして、田舎は格好悪いという考え方があったように思います。

しかし、これからはそれが逆になる可能性があります。

都会生活が格好わるくて、農村で生活するのが格好いい時代がくると思うのです。自然のなかで悠々自適の生活をするのが憧れの的になるはずです。——中略——

いずれ、いまフリーターをしている若い人たちが、農業の格好よさに気づくときがくるでしょう。そのとき、一気に農業回帰志向が顕在化することになりそうです。

奔流は一度流れ始めたら、もう誰にも止めることはできません。

こういう現象には理念や理想も必要ですが、その考え方も、その頃には若者たちのあいだにしっかり根付いているに違いありません。ともかく、「格好いい」ということは、若い人たちを動かすとても大きな要素なのです。

土地には限りがありますから、早く農村に向かわないと、農業を始めようにもできなくなってしまいます。そうなったとき、都市部の人たちは、つてを頼って地方の定住地を必死になって探すことになるのでしょう。

こうなると、農村への憧れはますますつのることになります。

第三章　心を科学することはできるのだろうか

三—一　科学と心

本節は故関英男博士が佐々木の将人《まさんど》氏（合気道師範・神明塾塾長）との対談本『心は宇宙の鏡』からの抜粋である。２０００年の夏の終り頃に（株）成星出版から出されたが、翌年春に同社が倒産してしまったために、この本も絶版になってしまった。先生が天界に帰る一年前、つまり95才の時に示された話で、普段加速学園では聞けない話が多く、内容は含蓄《がんちく》に富む。

宇宙とつながった夜

私は、誰にも言えないような美しい秘密の場所を知っています。

誰にも言えないというのは、とくに秘密にしておきたいということではなく、そのときの感動があまりにも素晴らしくて、口では説明できないという意味においてです。

その美しい場所との出会いは、私の心の扉を開くきっかけとなり、それによって人生は意外な方向に向かっていきました。

大学を出てからの私は、現在のＫＤＤの前身である国際電気通信という会社に勤めていました。その会社では、高級な受信機やアンテナを組みたて、受信機の感度を高める研究をしていました。

会社の研究所は日本各地にあり、私はそのうちの何か所かを半年ほどずつ転々としました。どの施設も、周りに建物など、雑音を発生させるものがない田舎にありました。いちばん長く勤務したのは、埼玉県上福岡の研究所です。富士山が見える畑のまんなかに、ぽつんとありました。

春、ウグイスの音《ね》も聞き飽きたころになると、都心からイチゴ狩りにやってくる人で少しだけ賑《にぎ》やかになり、宝塚のスターたちが摘んでいるのを見かけたこともありました。研究所への訪問客もイチゴ畑で接待したりと、昼間はのんびりとした時が流れていました。

仕事は、主に夜が中心になっていました。夜間はいちばん雑音の少ない時間帯だからです。私の生活パターンも夜型に偏《かたよ》りがちでした。

研究所には社宅があり家族と住んでいましたが、風呂だけは共同風呂でした。風呂の帰りに施設内にある玉突き場で、同僚と玉突きを少し楽しんでから部屋に帰って寝るというのが、毎日の習慣になっていました。

ある日、研究室で受信機のテストをしているときのことでした。通常の電波の音とは違う音が機械の向こうから聞こえてきたのです。毎日機械に耳を当てていた私には、それが普通の音ではないということは、はっきりとわかりました。

何の音だろう、と思って耳を澄ますと、答えるかのようにザーッという音が聞こえます。私は、はっとしました。この音は、地球上から発せられた音ではなく、宇宙から飛び込んできた音であることに気づいたのです。

あとでわかったことですが、ちょうど同じ時期に私と同じように宇宙の音を聞いた人物がいました。ベル研究所のジャンスキーという人で、1931年ごろに、その宇宙の雑音が銀河系の中心付近から発生しているという論文を発表。それがきっかけになって、電波天文学が発展し、現在オズマ計画やサイプロス計画が生まれ、さらに研究が進んでいます。

さて、直感的に、この音は宇宙の音であるということに気がついた私は、胸がどきどきして、しばらくは機械のそばから離れられませんでした。ただただ心を集中してその音に耳を傾けました。

物理的には短い時間だったでしょう。しかし、私は我を忘れていました。まるで何か重大なことが起こったときのように、その時間が特別に拡大して感じられました。そして、体の細胞が活性化してきて、ちっぽけな自分と大宇宙が一体になったような不思議な感じがしたのです。

その夜、宇宙の音を聞いて、大宇宙まで心が馳《は》せた私は、一人で上福岡の野原で風に吹かれました。あたりはシーンと静まりかえっていましたが、天空には星々がまたたき、今にもこぼれ落ちそうです。あのどこかから、その音が発せられているのだと思うと、「私はおまえたちの秘密を知っているのだよ」と冗談でも言いたくなるような愉快な気持ちになりました。

夜空を見上げ、目をこらして見ているうちに、まるで、星たちが沈黙のうちに語り合っているように見え、私は、だんだんと不思議な感覚になってきました。見えたり見えなかったりする星がはっきり見えてきて、光が強くなったと思ったとたんに、私の胸の中がスーッとするのです。

そして突然、空から一切の雲が消え、澄み切った天空になりました。星の輝きは増し、私の胸も透明度を増したようです。そのうちに、「天も人間の心も同じなのだ」という感覚が私の体を包みました。澄めば澄むほど見えてくる星々。そして、私の心もいつのまにか、幼いころのような邪心のない気持ちを思い出していました。

自分の心に邪心がなく、まっすぐになれば、宇宙と心が一つになれるのではないか――このとき、私は心底からそう思いました。

私にとって美しい秘密の場所とは、宇宙のことだったのです。宇宙の音と光を通して、宇宙の中心とつながったような気持ちでした。

この経験があってから、研究者というものは、通説にとらわれることなく、まっすぐな心で事象を見つめなければいけない。邪心なき心で臨《のぞ》めば、気がつかなかったことに気づき、見えないものが見えてくる。そして、思わぬ発見につながるのではないか――ということを思うようになりました。

結局、生涯その考え方が身に沁み込んでしまったせいか、その後の人生は「科学と心」がテーマになっていったのです。

そして、不思議な体験や出会いがたび重なって起こってくるようになりました。

――中略――

さて、私がこの世には五感で感じ取れるもの以外の世界があることをはっきりと意識したのは、次の体験をしてからです。正確に言いますと、上福岡での宇宙と一体になったときの思いが、そういう感覚を呼び起こす出発点になっていたかもしれません。

それは、今から40年以上前のことでした。

ある日、不思議な夢を見たのです。明け方に夢の中で突然「技入神則自正（ぎ　しんにはいれば　すなわち　おのずからただし）」という黒々とした墨で描かれた文字が現われました。

その文字をはっきりと認識したときに、目が覚めたのですが、目を開いてもなお、その文字がはっきりと見えており、私の網膜からしばらく消えませんでした。その文字が私に教えてくれたのは、「技術というものは、神の領域に入れば、自ずから正しくなる」ということだったのです。

この体験があってから、私の研究の方向は知らず知らずのうちに、超常現象を科学で考えたり、精神の持ち方によって現象面を変えていくことができるかどうかといったことに向いていきました。

こういった研究については、一般的な科学者の多くは無関心で、気がついても無視する方がほとんどです。けれども、私は、誠心誠意、科学というものに取り組んでいけばいくほど必ずこの問題にぶつかり、それを避けて通れなくなると思っていますし、科学者たるもの狭い見識によって偏見《へんけん》の目を持ってはいけないとも思うのです。

――中略――

古来、日本では祭りでの「神がかり」や「占い」というものがありました。また、神道、密教や宗教においては「呪術《じゅじゅつ》」「祈祷《きとう》」が秘伝として伝えられてきています。

けれども、今までそれを科学的に研究しようなどという発想は、まったくなかったといえるでしょう。そういった問題は、非科学的な別世界のものとして取り扱われてきました。

科学者たちが行き着く「非科学的結論」

逆に、唯物論《ゆいぶつろん》的に現象を考えていく西洋の社会では、科学の限界を感じはじめた結果、東洋的とも言える神話の世界に足を滑り込ませはじめたのです。

「世界中の人々がわたくしをどう見るかわからないが、わたくしから見ると、わたくしの生涯は海辺に遊んでいる少年のようなものだったにすぎない。ときたま、普通よりなめらかな小石や、もっと美しい貝殻を見つけてみずから楽しんでいただけで、真理の大海はまだ、全然発見の手がつけられないままに、わたくしの前に広がっていたのだ」

この言葉は、有名なアイザック・ニュートンのものです。科学の世界に足を踏み入れれば踏み入れるほど、わからないことがたくさんあるということに気がついたニュートンの謙虚《けんきょ》な気持ちの表現とも言えるかもしれません。

ニュートンは、20代でニュートン物理学を完成させてしまいました。現代物理学の基本の原理といわれるものです。けれども、この原理は天体の運動法則の一部を説明できるだけで、人間を含めた生物の運動を考えたときに、どうしてもその原理だけでは説明できないものがたくさんあることにニュートンは気づいたようです。それで、30歳以降の彼は模索《もさく》を始め、45歳から85歳までの40年間、神学や錬金術《れんきんじゅつ》に関する多くの論文を書きました。しかし、周りの人たちは、その価値を認めようとはしませんでした。おそらく、目に見えない世界の研究が表に出ては汚点《おてん》となると思った周囲の人が葬《ほうむ》り去ってしまったのでしょう。

ニュートンの『光』という著書の終章には「宇宙のいたるところに神が偏在し、運動を支配しているのではないか」といった内容が述べられているところがあります。もし、こうしたニュートンの神の研究が日の目を見れば、真実により近づいた現代の科学史というものが確立していたかもしれません。

見えない世界、つまりサイ科学的な領域まで入り込んでいった有名な科学者はニュートンだけではありません。マックスウェルやファラデーも超常現象や霊について発言しています。交流電気を提案、変圧器の損失を理論的に計算し、ジェネラル・エレクトリック社における科学・技術研究の基礎をつくったスタインメッツも、晩年こう語っています。

「いつかは科学者の実験室は、神と祈りの研究と、これまでまだほとんど知られていない霊の力の研究に捧げられることになるだろう」

また、クルックス管で有名なサー・ウイリアム・クルックスは、ケティー・キングという死者の霊と自分の愛娘《まなむすめ》クックを並べて記念撮影などをしていますが、1890年、大英帝国学術協会就任のあいさつで「われわれの既知の科学的知識以外に、ある未知の力が存在することを証明する種々の実験とその結果をわたくしが発表してから、すでに30年の年月が経っています」と述べています。

メーザー現象の発見でノーベル賞を得たタウンズは、IBMの社内報で次のようなことを述べています。

「科学と宗教の収斂《しゅうれん》が起こるときには、たぶん科学で起こったと同様の画期的な革命を経て、今日の科学者には容易に理解できない様相を呈するだろう。また、われわれの宗教的理解もたぶん進歩と変化を遂《と》げるに違いない。しかも、収斂は必至であり、それを通して、科学にも宗教にも新しい力を加えるに違いない」

アインシュタインもいくつかの名言を断片的に述べています。次にいくつかあげて見ましょう。

「科学のない宗教は盲目である。宗教のない科学は不具である」「神はさいころを振り給わぬ」「神は捕え難いが、悪ふざけを知らぬ」――

人間は創《つく》られた！

1971年の秋から1年間、客員教授としてハワイ大学を訪れた私は、大学の図書館で、大きな収穫を得ることができたのでした。

ファラデーやマックスウェルといった偉業を成し遂げた20世紀の有名な科学者の多くが、科学というものを究《きわ》めた末に、いつしか宗教や神といった世界につながっていき、そして何か偉大なものに遭遇《そうぐう》していたようなのです。その様子を感じて私は胸がわくわくしました。そして、40年前に夢に現われた「技入神則自正」という文字を思い出していました。

今から思うとハワイへ招かれたことが契機《けいき》となって、帰国後、サイ科学会を開くようになり、人生が大きく変わっていったように思います。ハワイは、私にエネルギーと知識を与えてくれた特別の島でした。

ハワイでは、毎朝3時に起きて、まだ暗い道をヘッドライトをともしながら大学へ向かいました。すると、強い生命エネルギーのようなものが感じられるようで、そのまま自分の研究室に入って勉強すると、頭が冴えてきてちょうどよい具合でした。

軽い朝食を摂《と》りに家に戻るときには、朝日が顔を出し、夜露に濡れた草の葉が日の光に当たって見事に輝き、音楽でも聞こえてきそうな美しさでした。

ハワイの水はとびきり美味しかったように思いますが、水のよいところというのは空気もきれいで、朝露の輝きまで違って見えました。そして、環境がいいと、人間の五感も繊細《せんさい》で豊かになるようでした。おかげで帰国するころには、ハワイじゅうに咲いている花の名前をほとんど覚えてしまいました。

エンジェルトランペットというベルのような花、バードパラダイスという美しい鳥がとまっているような花、キャノンボールツリーという幹の途中から大きな花が突然ポコッと咲いている植物など、珍しいものがたくさんありました。畑でかぶりついて食べたパイナップルの美味しさも忘れられない思い出です。

さて、話がそれてしまいましたが、ここで、私がハワイ大学にいる間、いちばん印象に残った本をご紹介したいと思います。

それは、ルコント・デュ・ヌイの『人間の運命』という本です。彼は、フランスの生理学者でロックフェラー研究所員を経てパストゥール研究所生理学部長、ソルボンヌ大学高等研究所長を歴任した人で、生理学的な問題に数学を見事に応用させることによって科学哲学の分野で認められた人でした。なぜ、私がヌイの本に着目したかと言いますと、ヌイがダーウィンの進化論に次のような疑問を投げかけていたからです。それは、数学的に計算した、生命が誕生する確率と現実の間には大きな隔《へだ》たりがあるというものでした。

地球上に生命が自然発生したと仮定し、その確率を求めようとすると、問題があまりにも複雑すぎるため、その計算の基礎を築くことさえ不可能だというのです。それを単純化し、蛋白質の分子のような「生命の持つ本質的な要素の発生する確率」について試算してみました。すると、「2、02×10マイナス321乗」ということになり、こういう確率で物事が起こるために必要な物質の量は、想像を絶するほどということなのです。つまり進化論は、統計学的に計算すると現実的に不可能ということです。

ヌイは、生命の発生の神秘について、次のような驚くべき見解《けんかい》を本の中で示しています。

「偶然の作用やふつうの熱運動によって非対称性の高いただ1つの分子を作り出す確率は、現実にはゼロである。光の周波数に匹敵する毎秒500兆（5×10の14乗）回の振動を想定した場合、地球と同じ大きさを持つ物質の中で、そのような分子を1個作り出すためには、平均しておよそ10億年の10分の243乗倍の時間が必要となる。しかし、ここで忘れてはならないことがある。地球は誕生してからまだ20億年か経っておらず、そこに生命が現われたのは、地球が冷却した直後、つまり約10億（1×10の9乗）年前なのだ」

「自分の求めるさいころの目を続けて出す1回のチャンスをつかもうとしても、思うようにさいころを振る時間が確保できなかった人間と同じ立場に立たされてしまう。しかも、今回は、単に300倍から400倍の時間が足りないというのではなく、なんと10の243乗倍もの時間が足りないのである」

ヌイは、結局、生命というのは、何か偶然にして生まれたのではなく、神のような存在が意図的に創ったのではないかということを言いたかったようです。さらに、最終的に神が意図《いと》することとは、つまり「なぜ人間を創ったか？」という答えは、「人間に真の良心に目覚めさせるため」だと言うのです。

この本は、生命の発生の神秘と言うものがいまだに解明されておらず、科学を超えた次元の問題であるということを再認識させてくれました。同時に科学の目的も、人間の意識の進化・覚醒《かくせい》につながってくるのではないか、ということも認識させてくれたのでした。

『生命の暗号』の著者でもおなじみの遺伝子学の権威《けんい》、筑波大学名誉教授の村上和雄先生もその著書の中で生命の神秘について触れています。遺伝子は偶然にできあがったものとはとても思えない何か偉大なもの「サムシング・グレート」を感じると言っておられるように、遺伝子のしくみが解き明かされるにつれ、その神秘的な背景に何があるのか、誰もが感じずにはおれなくなってきています。

ここで、神というものの存在について言及《げんきゅう》せざるをえなくなってきている多くの科学者の姿が見えてきます。科学が進歩すれば進歩するほど、少なからず神の領域にまで踏み込んでくる。私が40年前に見た夢のとおりになってきているのです。

（池田）関先生は全生涯を通して、心の作用（サイキック・パワー）、精神世界、すなわちそれは魂の世界、と神々の世界をいかに科学的に説明できるかという大命題を掲《かか》げて、悪戦苦闘しておられました。科学とそこで用いられている数式はこの世の三次元世界でのみ通用する便宜《べんぎ》的方法論であって、異次元においては通用しないと私は思っていた。しかし、先生はこの地球上でのみ作られた物差しで全宇宙を測《はか》ろうとしておられた。「高次元科学」と定義し、見えない世界を知ろうとする人々を集めてサイ科学会をも作った。何でも科学的に説明できないと我慢できなかった。この点は最後まで頑固であった。しかし、サイ科学会を作っていくのと同時に、ザ・コスモロジーの発行する『宇宙の理』を研究し続けていた。そこは非科学の世界である。「汝、洗心せよ」との創造主の教えに関先生が答え得たかどうか私は知らない。神のみぞ知る。ただ、最晩年は「何もかもわかった、わかった」と言ってこの世を去っていかれた。残念なことに、そのわかった事について書き残した物は何もない。今、日本サイ科学会は、関博士の偉業を残そうと「心の科学館」なるものを作ろうとしているが果たしていかがなものであろうか。心を科学するということはできるのであろうか。心は科学を超えたところにある。物質のみに適用できる科学的根拠なる諸法則によっては精神世界や神、神々の世界を押し測ることは不可能であると私は思う。しかしながら、関博士が行なった研究はすばらしかったのだと思う。その若々しいチャレンジ精神を私は大いに買う。ただし、関先生についての記念館建設については本人が「ワシの生き恥を晒《さら》す気か！」と言っている。その声が学会本部の誰一人として聞こえてはいならしい。私はもちろん反対しているし、先生が神界に帰られたのと同時に、その学会を脱会している。私にとって大事なことは、関先生を通して何を学んだかという一点に尽きる。

三―二　天使たち

日本では「天使」という概念《がいねん》が薄い。幽界《かくりょ》の世界を一つに見る傾向がある。その世界は全て神界とか霊界と言って、まことに大雑把《ざっぱ》である。白い光の一条をプリズムに通すと七色の光が現われるように、幽界《かくりょ》にもいろいろある。各段階はその波動（周波数と波長）によってそれぞれその世界が形づくられている。しかし白い光を構成している七色の光がそれぞれ固有の波動を持って一つの光の中にあるが如く、各段階の幽界は一つの世界にある。

どういうことかと言うと、我々が普段目にしているこの地球という環境には同時に別の世界が重なって存在している。その距離は0《ゼロ》である。パラレル・ワールドになっている。各界を繋《つな》ぐ役割を持っているのが天使たちであるが、その天使たちは霊体のままなので人の目には見えない。輪廻転生の中で、天使としての役割を演ずる場合があるようである。

さて、私が小学校四年生の頃、頭上に三人の天使がよく来ていた。一人は「神様からの使い」と言い、もう一人は「亡き母と私とを繋ぐ天使」で、三人目は「ノストラ何とか様の使い」と言っていた。姿は見えなかったが、甲高い彼女たちのおしゃべりの声が聞こえていた。ずっと後になって「神様からの使いの天使」というのは創造主からの使いの天使で、「ノストラ何とか」はノストラダムスのことだとわかった。ノストラ天使は他の二人の天使にこう言っていた。「ホラ、あの子よ、あの子。あの子が詩を理解する子ヨ」詩というのは何のことかわからなかった。一般的に国語の教科書に載っている詩のことなのかナと思った。それに何のために、何しに私のところに現われるのかも、その頃はわからなかった。ただ、よく子供の遊びに付き合ってくれていた。天使どおしの会話は日本語であったが、時々外国語らしき言葉がまじって、小学生の私には、何を言ってるのかさっぱりわからなかった。この時代、ローマ字は小学校の6年時でやっと登場してくる科目であった。天使たちには固有の名前はないらしかった。何度たずねても答えは返ってこなかった。従って、その時の三人の天使の名を連ねることは不可能であるが、それぞれに個性豊かな天使たちではあった。その個性ゆえに今でもはっきりと記憶に残っている。

創造主は神界にありながら、宇宙にあるあらゆる事象にその意識をくまなく張りめぐらせており、従って今どこで何が起こっているのかを全て、瞬時に把握しておられる。

亡き母は天国（ヘブンと呼ばれる領域のこと）の近くに居て、地上に残してきた我々三人の子供たちの守護を許されていた。その母は歴史的にも世界的にも超有名な方の魂と同一と教えてくれたが、その魂の実名を書くことを兄達は望んでいないので明かさないことにする。兄にとっては唯一の「ぬくもりを持った母」としての存在以外の何ものでもなく、その魂が誰であったかを私が話すことをすごく嫌っているので今は書かないほうが良いと思っている。その母は私が満5才9ヶ月の時に肺結核で亡くなった。その日、兄は母の枕元にいて、モラロジーの大会のため神田の共立講堂に行っていた父親の帰りをたった一人で待っていた。私は長野県の木曽谷にある父方の伯父の家に預けられていて、まだその事を知らなかった。弟は、母方のこれまた木曽谷にある亡母の実家に預けられていた。

その病ゆえに、母が亡くなる一年以上前の秋に私と弟は木曽谷の親戚の家に預けられていたが、親戚の家を転々とする間に弟と分かれ分かれになって、最後には上松《アゲマツ》の池田家に引きとられていた。その間に、母親の元に帰りたくて、何度もそのことを願った。強烈なその想いは、夜になると幽体離脱《りだつ》をし、野を越え川を越え、日本アルプスの高い山々を越えて、母の寝ている部屋に行っていた。山の斜面に点々と輝く人家の光、夜景はすばらしく、今になってもその光景は忘れられない。今では出張先から飛行機で夜に帰宅する時、眼下に広がる日本の国土を見ると、いつも小さな子供の頃を思い出す。

母は真鍮の洗面器にいっぱい血を吐いて苦しそうだった。「見てはいけない」と母が言ったように思えた。隣室では父とくりくり頭の小さな子（兄）が一つのふとんの中で寝ていた。母が病気なんでこの家にはもどれないんだと思った。その途端に自分の肉体の中にもどった。気がつくと、伯父、伯母たちが自分の顔をのぞきこんでいた。額に水で冷やした手ぬぐいを置こうとしていた。数時間、魂が出張している内に、幼き肉体はそのコントロールを失なって発熱し、苦しんでいたらしい。病気になったと、周囲が心配していた。魂が戻った肉体はすぐに元に戻った。

今から思うと、一年と数ヶ月木曽谷に居たことがわかるのであるが、その間に、上松の伯父伯母をいつしか「おとうさん、おかあさん」と言うようになっていた。話がややっこしくなる。

東京での葬儀の日、実母は真白い菊の花に埋もれていたが、その様子を見て私は「きれいなおねえさんが寝ているよ」と周囲に言った。もはや、その人が母であることをも忘れ去っていた。実際、その人は、ほんとうに美しい女性であった。とても死んでいるようには見えなかったし、それに、人間の死とは何であるか、この時、何もわからなかったのである。実父は私の様子を見て怒った。「父母の顔を忘れるとは何という親不孝者か」と、モラロジー気狂いの父としては当然の怒りだったに違いない。実父のようすを見て、上松の伯父は困ったに違いない。とりあえず、上松へもう一度連れて帰ることにしたらしい。その上松の家は国道19号に面していて、玄関の前と国道との境に小さな梅の木が植えられていた。その梅の木に登ってよく遊んでいた。今ではその梅の木は小高い山の麓に移植され、毎年盛大に梅の花を咲かせている。そこは大きな公園のように作られているが、その一角に伯父伯母の墓石がある。その伯父は長野県会議長を三期勤めた後に、政界を引退し、その後は孫達に生業の木材業を教え込んで長寿を全うした。その晩年に使っていた名刺が唯一の遺品のように今、私の手元に残っている。肩書は「神宮評議員、御神木奉賛会長」と印字されている。その「神宮」とは伊勢神宮のことで「御神木」というのは内宮、外宮他の神社木材のことである。肩書は山ほどあるけれども、全部一枚の名刺には書き込めないので、こうしてると言って、手渡してくれた。

満6才を前にして東京へ帰らなくてはならない日が近づいていた。伯父は蒸気機関車に乗せてあげるからと言って私の手を引いた。雪の日だった。客車はすいていて、向かい合って座った。雪景色をずっと眺めていたら、「寒いだろう」と言って伯父は自分が着ていたコートを脱いで私にすっぽりかけてくれた。暖かくなってそのまま寝てしまった。気がついたら東京のどこかの駅に着いていた。雪景色はもうなかった。その駅は亀戸であった。東京のこわいおじさん（実父）が迎えに来ていた。伯父の顔色が変わっていた。鬼のように目を真赤にして「この人がおまえのほんとうのおとうさんだよ」と言った。そのままくるっと背を見せて人ゴミの中に消えていった。

南砂町の長屋の一角に、兄弟三人がようやく揃った。父の母親（おばあちゃん）が木曽から来ていた。しかし上松の母に会いたくて、又そこへ帰りたいと思った。すると夜に魂は脱け出して上松へ行った。上松の家の前の小高い山にある竹やぶが強風にあおられてゴーゴーと音を立ててゆれていた。もうここへは戻れないのだとあきらめた。すると魂は肉体に瞬間的に戻った。肉体は発熱しすさまじい汗で寝巻がぬれていた。小学校2年生の時に父は再婚した。再婚の相手は長野県松本市出身で才女であった。探し出したのは上松の伯父であったとずっと後になって知った。その方が三人目の母となった。最初の一年目はやさしかったが、自分の子供が生まれると態度ががらっと変わった。兄弟は男子4人となった。

江東区と江戸川区を分けている荒川の河口に木造の葛西橋《かさいばし》があった。そこは今では鉄橋に替わっている。小学校の4年生の頃、家庭環境と上松の母に会えないさびしさから、死のうと思った。木造のその橋の中央の手すりに手をかけて下を見た。その途端、三人の天使に取り囲まれた。いつもは遊びに付き合ってくれていたその天使の一人が、いつになく厳しい声を発した。「死んではいけません。あなたは大人になったら大変重要な仕事をするのです」と。重要な仕事とは何のことかわからなかった。しかし三人に説得されて、家に戻ることにした。実母の代理の天使がすっ飛んで、天国に呼び出しに行った。大さわぎになっているらしいとわかった。天国に居る実母に申し訳ないと思った。何としても生きなくてはならないのだと決心した。この頃になると三人の天使では手がつけられないようになっていたらしい。この後で、男性の守護神にメンバーチェンジした。主に教育係だった。家は極貧の状態であったから、学校から支給される教科書以外は買えなかった。しかし図書室が学校にあって、そこに置いてある本は全部読んだ。通信簿は全科目5になった。男性の守護神、指導神について詳細は省くけれども、どの神も「物事を広く見るように」という話は共通していた。すなわち「狭い一分野のみに閉じこもってはならない」ということであった。又、常に「威張るナ」「大風呂敷は広げるナ」と注意を受けていた。つまり、

「常にすなおであれ」という教えである。自分のことはこれくらいにして次に船井先生の話に戻ることにする。次節の話はビジネス社刊『この世の役割は人間塾』の93頁に出ている。

三―三　難波田春夫さんとの出会い（船井）

そんなときに勉強の仕方を教えてくれたのが、難波田春夫という先生でした。難波田春夫さんは、戦前の東大、京大の教授です。経済学者であり、哲学者でもありました。東大では元総理の福田赳夫さんと同期で、難波田さん、福田さんは、絶えずトップ争いをしていたと聞いています。東大卒業後はすぐ東大助教授になられました。それくらい優秀な方です。戦争中、少し右寄りになっていたというので、戦後はパージ（公職追放）に遭って国立大学を辞めざるを得なくなったため、早稲田大学の教授になられたというような経歴の方です。

難波田さんが早稲田の教授をしていたころのことです。私は通産省に頼まれて、欧米、特にヨーロッパへ流通業の調査に行きました。一九六五年ごろのことだったと記憶しています。その日はロンドンにいて、たまたま休みだったので大英博物館に行きました。そこで難波田さんと知り合ったのです。ちょっと変わった日本人だなと思ったのが最初の印象です。それがきっかけで、精神世界のことをいろいろ教えてもらうような関係になったのです。

難波田さんがすごく偉い先生だということは、実は日本へ帰ってから知りました。知人たちに難波田さんのことを訊いてみると、東大、京大を卒業した人はみな知っているのです。ほとんど全員が先生に習っていたのです（前記のように私も京大出身ですが、戦後のことですから難波田さんのことはお会いした時には知りませんでした）。

先生は大英博物館で、死後の世界についてはスェデンボルグさんという研究家がいて、生きながらあの世とこの世を行ったり来たりして、それを記している。それが『霊界日記』で、ここにあるよ、とていねいに教えてくれたのです。それから、エドガー・ケイシーさんのことを教えてくれたのも難波田さんです。

先生は八十八歳でお亡くなりになりましたが、亡くなる前の年まで毎年、「船井流経営戦略セミナー」のために夏に一回、講演に来てくださいました。最後はもう椅子に座っての講義でしたが、二時間、難波田哲学をお話ししてくださいました。

私は、この難波田さんに教えてもらってエドガー・ケイシーさんやスェデンボルグさんを知ったのです。そのあとは一九七五年ごろ、イアン・スティーヴンソンというヴァージニア大学の教授に、生まれ変わりがあるということを確信させられました。—中略—

ところで、経営者というのは常に悩んでいます。

難しい局面で、その都度意思決定をしなければなりません。いろんな方が、経営コンサルタントである私にアドバイスを求めてきました。

経営コンサルタントはそういうとき、人間のあり方やあの世とこの世の関係、さらに人間は何のために生まれてきたのかとか、そうした「世の中の仕組み」を知らないと適切なアドバイスはできないものなのです。それで、より一所懸命このような根元的なことを知ろうと勉強せざるを得なかったわけです。その結果、われわれの本質（魂）は不死であり、肉体は死んでも魂は残る。また多くの人間が生まれ変わってくることはほぼ間違いないと、より強く、確信をもつようになったのです。

その間に、前世を覚えている人と知り合ったり、不思議な現象とも数多く出遭いました。本から学ぶだけでなく、この現実の中でもいろいろな体験をしてきました。そういう場面で私に一番勉強させてくれたのは、いまのところ、日本人では森田健さんです。そして岡田多母さんでした。

特に森田さんは、この種の私の研究にとっては、私の最高の先生です。なぜなら、彼はいつも私のもっとも知りたいことに取り組んでくれ、私の仮定しているのと、同じ答を引き出してくれるからです。

三―四　船井先生の親友

（池田）船井先生と話をしていると、必ずと言っていいほどに船井先生の親友の方々の名前が出てくる。その内の一人、森田健さんについて11月14日の最初の対談でも話しされていた。そこで、その森田健さんについて、ビジネス社刊『この世の役割は人間塾』の32頁以下から抜粋してみる。

「未来は決まっている」と断言する人に、私の友人の森田健さんがいます。―中略―

六爻占術の森田健さんは、「幽体離脱」をすれば、過去にも未来にもあの世にも行けることを知ってその練習をしようと、アメリカにある「モンローＩ応用科学研究所」（ＴＭＩ）に行ったのです。ロバート・モンローという人がはじめた研究所です。

幽体離脱をした彼の魂は、過去や未来それにあの世など、あちこちを探訪します。ところがそんな荒唐無稽《こうとうむけい》な体験談はだれも信じてくれません。そこで彼は、だれもが魂を肉体から脱け出せる方法はないものかと考えます。

モンローさんは電子工学の学位をもっているくらいですから、電子機械方面のことには通暁《つうぎょう》しています。そこで案出したのが「ヘミ・シンク」と呼ばれる音響システムです。これを使えば、普通の人でも体から魂が脱け出せるという方法を開発したのです。

一九七三年にはモンロー研究所をつくり、その後も幽体離脱の研究を続けました。国際的にも有名になりましたが、一九九五年に亡くなっています。—中略—

日光をプリズムに通すと、波長に応じて白色光が虹のような七色に分かれます。そんなふうに意識や脳波にもレベルがあるのです。低いものから高いものまで、いろいろなレベルがあるのです。それに応じて、いくつもの世界があるというわけです。

モンローさんが開発したヘミ・シンクは、さまざまな周波数の音を発生させて脳波のレベルに影響を与え、それによって意識の状態を変え、魂をいろいろな世界に運ぼうというものだったのです。

森田健さんの幽体離脱体験

モンロー研究所へ行ってヘミ・シンクを体験すると、勘のいい人は一週間で完璧に魂が脱け出せるといいます。程度の悪い人だと、二、三週間以上かかるそうです。

森田さんは幽体離脱を体験するために、そのモンロー研究所へ行きました。—中略—

森田さんも含め、一週間での幽体離脱にはだれも成功しなかったようです。しかし、アメリカ人の仲間たちが諦めて帰ったあとも、森田さんは挑戦を続けます。——中略——

私はベッドの上、約十五センチのところに浮いていた。ゆっくりと首を回すと、目の前に私の顔があった。とうとう体外離脱に成功した。私はできるだけ長く浮遊していたかった。何も考えずに、何も新しい試みに挑戦することなく、ただ浮き続けた。本当はどこかに飛んで行きたかった。しかしそれに失敗して、肉体に戻るのはいやだった。

しばらくすると、コントロールルームから帰還信号が聞こえた。私はゆっくりと自分の体に戻った。結局十五分は浮いていた。

ついに彼は幽体離脱に成功したのです。体験十日目のことでした。その感動はいかばかりであったか、森田さんのこの文章からも興奮が伝わってくるようです。

肉体が死んでも魂は生き続ける

幽体離脱した森田さんは、過去に行き、未来にも行き、身をもって「この世」と「あの世」の関係を調べました。その中で私がいちばん重要だと思うのは、「肉体が死んでも魂は生き続ける」という森田さんのレポートです。

われわれの本質は魂だから、死んでもそれで終わりではない、ということを森田さんは体験しました。それがとても大切なポイントだと思います。——中略——

スウェデンボルグさんの「霊界日記」とも一致

魂は肉体が死んでも生き続けるということは、スウェデンボルグさんの体験とも一致します。エマヌエル・スウェデンボルグさんは一六八八年にスェーデンのストックホルムで生まれています。子供のころから神秘的な性向をもっていた彼は、前半生は技術者として過ごしましたが、一七四四年、五十五歳のときに激しい震えに見舞われ、それから幻視の世界に入っていきました。「あの世」を視たのです。——中略——

最終的にマクロに見ると、世の中にあるすべてのものは成長するといえそうです。当然、魂も成長します。そうだとすれば、世の中のすべての事象や人間の魂を成長させるために「あの世」と「この世」があるのだといえそうです。

ここまでの話を整理すると、次のようになります。

人は前世のカルマを返すためにこの世に生まれてきます。

だから一所懸命に勉強して、働くべきでしょう。

すべての人が、もしあの世が極楽だということを知っていて、いつでも自由に死んでよいと思うのなら、この世で一所懸命に生きないでしょう。だからわれわれ人間は、前世のことも、あの世のこともすっかり忘れてこの世に生まれてくるのでしょう。自殺してはならないという情報もDNAに書き込まれています。そこで人々はこの世で前世のカルマを返しながら頑張って生きるのです。そして魂を磨き、一歩一歩成長していきます。

われわれが一所懸命生きるために「この世」と「あの世」がある——これが正しいポイントのような気がします。

いまのこの世（現界）は、あの世の地獄界と並んで地獄のような世の中になっています。これは、「地の理」に従ういまの地球上の仕組みが間違っているからだと思います。この世では、いま常に自分があって、肉体があって、我欲があります。それは、私たちの魂の本質がある世界とはまるで違います。「大自然の理」、いわゆる「天の理」と違うといっていいでしょう。だから、この世の原理（地の理）に基づいた資本主義や近代社会は行き詰まってしまうようです。

ただし、私にいわせれば世の中に起こったことはみな「必然・必要・ベスト」という側面もあるわけですから、現状を肯定して、考え方を変えれば、未来が開けてくると思います。

個があって肉体があって我欲がある結果として、科学などは原始人の時代から現代まで急速に発展してきました。だったら、そうしたシステムを包みこんでエゴを外せば、世の中はもっとよくなるのではないでしょうか。あと十年以内にそうした世の中づくりをしたいものです（第四章で詳しく述べますが、そうしないと人類は破滅に瀕し、原始人まで逆戻りする可能性があります）。

世の中の構造は、私たちの魂を生成発展させるためにこうした構造になったと考えてもいいわけですから、方法はあるはずです。

いま、地球と宇宙は、地球人に「変わってほしい」と思って、動きをはじめたように思われるのです。実際、地球人の中にもそんな発想をもった人たちが出はじめました。先ほどの窪塚洋介さんや浅見帆帆子さんもそのひとりです。特に、若い人の中からそういう新しい人が出はじめました。

年配の私が七十歳まで散々に勉強してやっと知った「世の中の構造」を、彼や彼女らは初めからポンと分かっているのです。それがいまの世の中です。非常におもしろくなってきたなと感じています。

私は最近、エゴのない、やきもちを焼かない、いってみれば地球の真理の分かる天才といってもよい人たちの集合意識に注目しています。そういう人たちが集まりそういう人たちの集合意識が未来をこう変えたいなと思ったら、世の中もきっと効率的に変わるだろうと思うからです。

三―五　船井先生の元に集まる天才たち

（池田）どういうわけか、船井先生の元にはいろいろな特殊能力を持つ人々がいっぱい集まってくる。「黄色の羽を持つ鳥はいっしょに集う」のは黄色の羽のせいではなく、波動が同じだからだ。百匹目の猿現象と同じ。神坂新太郎さんは死んだものを生き返らせことができる装置「銀河運動装置」の発明者で「死んだ金魚を生き返らせた」そうだ。その話は『この世の役割は人間塾』の２０６頁～２１１頁にあり、さらに詳しく『超資本主義・百匹目の猿』の１８０頁～１９２頁に書かれている。大変おもしろい話である。また宮古島の新城定吉さんは石と話ができる人だそうで、その話は『人間塾』の１４２頁～１４７頁に詳しい。船井先生の話によると、その新城さんの庭には船井先生の波動にぴったりの大岩があって、そこへ行くと、元気がでてくると言う。その他錚々たるメンバーが、船井先生の本に登場している。

ここで、前節に登場した森田健さんの幽体離脱の一件にふれることにする。アメリカというのは一種、不思議な国で、何でもかんでも科学的に扱おうとする。霊魂は三次元の物質世界にはなくて、見えざる世界（幽界）に存在するエネルギー体であって、物質や装置（人間が作った物）によっては検知できないものであるが、それをしも、何らかの装置でとらえようとする。モンロー研究所に行った森田さん以下24名の方々は「ヘミ・シンク」という装置によっては誰も幽体離脱を体験できなかったという事実が全てを語っているように思える。つまり、幽体離脱装置など人間にはつくれないことだと。しかし24人中、一人残った森田さんだけが、後に幽体離脱できたというのは何を示しているだろうか。この第二節に私の体験を書いておいた。幽体離脱の体験である。その私の体験から考えてみて、森田さんのモンロー研究所における幽体離脱はその装置によって成しとげられたのではなくて、幽体離脱してみたいと思う、その森田さんの強烈な想いによって成しとげられたのだと考えられるのである。それ自体、意識の力、サイキックパワーなのである。しかしながら、セスによると幽体離脱は日々起こっているという。我々の睡眠中は必ず、誰でも幽体離脱している。とナチュラル・スピリット社刊の『セスは語る・魂が永遠であることを』という本の192頁に書かれている。そして幽体離脱した魂は日々、何をしているのかも充分に説明されている。つまり、私の小児期における体験は何も特殊な例でも何でもなくて、日常的なある一こまに過ぎないのである。セスによれば、我々の魂は、通常我々が目ざめていると自覚している時にさえ、ひんぱんに幽体離脱し、あらゆる系に存在している情報を探し出して物質化しようとしていると言う。それが直感ということなのである。ただ我々はそうした魂の性能について充分知らないだけなのである。

意識は魂（＝内なる自己）の性能の一部である。神坂新太郎さんが死んだ金魚を行き返らせたのは、他ならぬ神坂さんの意識であって、神坂さんのサイキック・パワーだと私は思う。そういった方々を世は天才と呼んで特別視する。しかし、全ての人が天才になり得るはずなのである。魂というエネルギーは神のエネルギーの分身であり、それは全てを知っている。身霊分《みたまわ》けである。一方、そうではあるけれども、我々の魂を教え導く、守護神、守護霊、指導神たちの存在は重要である。例えば、我々の魂が、どの系へ行けば、必要な情報を得られるのかについて、導く方がいて、初めてその必要な系に行けるのだと思うからである。例えば未来という系に行くについても。

人間は自由意志を与えられている。従って未来は自ら決めることができる。選択肢はたくさんあると言える。しかし人類全体とした時に、人類の未来は予め決められているプログラムの中にあると言えそうである。

神は人と共にあらせられる。神は人と共に行《ぎょう》じておられる。
行《ぎょう》は行であり、人は人の行を、神は神の行を積んでおられる。神と共に歩む者は、神に近づく行を積む。
神が神として、人を救うためには、人は人として心を浄《きよ》め、魂を浄めていかねばならない。

神の御心《みこころ》に適《かな》う者は、神のみ光により、さらに浄まり高まっていく。
神のために祈りに行ずるのではなく、人は人のために人として、人の勤めを果たすことを
のみ。それが人の行であり、神の御心に適《かな》う行なのだ。

右の文章はひふみともこ著『神から人へ』今日の話題社刊の最初の日の記述である。自動書記によって書かれた最初の日。「神は人とともにある」と。神は10の40乗センチメートルというとほうもない遠くに住んでいるのではなく、人と共に今、ここにいるのである。

第四章　対談

四―一　クリスマスツリー

二回目の対談は12月24日午後1時から5時にセットされていた。翌日も同じ時間帯に予定が組まれていた。だが何を話してよいのかわからなくなっていた。最初の対談11月14日の一時間の中で指示された船井先生の厖大《ぼうだい》な最近著の中に、私が先生に質問してみたいと思っていた件はすべて書かれていたのである。「話にならない」とはこのことである。しかし本の製作はすでに始まってしまったし、前半の部分は活字にまでなって、この日に備えて前週に先生の下に届いていた。その反応を待たなければならなかった。

この日の数日前、12月20日にリビアのカダフィ大佐が大量破壊兵器の放棄を米英に確約したと大きく報じられた。リビアが国際社会に復帰する資格を得たのである。しかも、カダフィ大佐に呼応して次にはイランがＩＡＥＡの核査察団入国を認めたのである。今や世界の中で孤立しているのは北朝鮮一国となった。まさにベスビオ爆発の直前の国際情勢そのものになった。預言書の中にこうした国際情勢になるということが書かれていることを発見し、解読の当初から指摘し続けていた。そのことを多くの本に書いてきた。従ってベスビオ爆発についての預言は80パーセント成就する可能性がでてきた。仮にそれが２００4年の乙女座で活動を開始するとすれば、米軍は天秤座（七番目の月）に入ってリビアやイランなど中東各国と合同してナポリ住民の救出作戦を展開するはずである。乙女座の前には、夏までに中東で大洪水があると預言書によって読み取っていた。もしそのことが起これば、ベスビオ爆発の確率は90パーセントにまで高まる。残りは地球の意識の問題かもしれない。

そんな話をしようと思いつつ、芝のオフィースに向かっていた。真冬なのに日差しは強く、コートを手にかかえて歩いた。その手には船井先生の最近著のずっしりとした重みが加わっていた。

事務所の扉を開けて一歩部屋の内に踏み込んだ途端、クリスマスツリーが目に飛び込んできた。ツリーの枝々には豆電球がキラキラと輝いていた。「アッ、今日はクリスマス・イブだ」と我に帰った。そのキラキラと輝く星々は大きなツリーを輝やかす、先生の下に集まってくる天才たちのようにも思え、床に届かんばかりの枝を八方に配る樅《もみ》の木はまさしく船井先生のように見えた。カウンターの呼鈴《よびりん》をチーンと軽く指先で押して鳴らした。明窓出版の編集長と社長が次々に到着して会談は始まった。

私がカダフィ大佐以下の最新情報について話そうとした途端、先生は私の話を遮《さえぎ》った。

（船井）「まず、私から話したい。送ってもらった原稿（本著の第二章半ばまでのもの）には大変満足しています。それで、預言の出所も、池田さんを指導している神のこともすっかりわかりました。創造主から任されている神がおられて、全ての采配《さいはい》をしておられ、池田さんに物を言わせているのだとわかりました。池田さんがどうして時間を間違える（預言書の解読をした中の時期のこと）のかということもよくわかりました。考えてみたら私がノストラダムスの預言について語るというのは今回が初めてで、過去に書いた数百冊の本の中で、一度も触れたことがありませんでした。そこで池田さんが解読したノストラダムスの預言の内容について、私の見解を述べます。

まず、〝空に現われる時〟は2006年頃ではなかろうかと思います。もちろん2004年の可能性がまったくないと否定はしませんが、それに〝空に現われる者〟はベスビオの噴煙とは限りませんよ。他にも考えられる物はたくさんあるのですから。フォトン・ベルトのことを後ほど話しますが、その前に池田さんの解読結果についてもう少し言わせて下さい。

イタリア一国の崩壊によって世界経済が連鎖的に崩壊するという池田さんの説は間違っていると思います。その前に世界は手を打てますからね。資本主義はむしろ他の理由によって崩壊するのだと思います。『断末魔の資本主義』で書いたように。つまり池田さんの解読は全てとは言いませんが、どこかで間違っているのではなかろうかと思っているのです。

要するに何%位の正解率になっているのかということです。預言書については専門的に勉強したことがないので池田さんがどこでどう間違ったのか指摘することはできません。ただ私のイメージとしては、空に現われる物が〝ベスビオの噴煙〟とは限らないと言うことだけはくり返しになりますが言っておきます。池田さんは初めからベスビオのことに言及し続けて来られましたが、未だに何の音沙汰もありません。従ってこれからも活動を開始することはないかもしれません。すなわち、ローマ法王交代の年に何か起こるということもないと思われます。よって、創造主来訪の一件もないし、宇宙からの救助のこともないと理解しています。そこでフォトン・ベルトについて話します」と言って船井先生はフォトン・ベルトに言及した。その件については以下のように『この世の役割は人間塾』ビジネス社刊の第四章に詳しくレポートされているのでこの本から写すことにする。

四―二　「フォトン・ベルト」への突入

いま、とんでもないことが起きている

地球はいま、常識的に考えるととんでもない危機に直面しています。

経済は私たち人類のつくり上げたシステムの問題ですが、いままさに人類そのものが滅亡しかねないような危機が急速に進行しつつあります。それが、フォトン・ベルトへの突入です。

太陽系は約一万一〇〇〇年ごとに、銀河系の中心から放射されているフォトン（光子）が豊富なベルト地帯と交差します。一九八七年の春分の前後数日前、地球はフォトン・ベルトに入りましたが、その後も何度かベルトの中を通過し、その期間が長くなりつつあります。

本格的なフォトン・ベルトへの突入は二〇一二年十二月二十二日になると予測されているのですが、その中に本格的に入ると、さまざまな天変地異が起こるとされています。まだどんなことが起こるかについては想像の域を出ませんが、最悪の場合には、地球上の生物の多くが死に絶えるようなことになるかもしれません。

このようなフォトン・ベルトへの突入と世界の社会・経済システムの崩壊は、たまたま同時に起きているのではありません。私は、この時期にこのようなことが同時に起きつつあることに、サムシング・グレートの意志を感じざるを得ないのです。

本章の後半で詳しく述べますが、いま、私たちは一つ上のレベルの星の住人になれるか、あるいは人類が絶滅に瀕《ひん》して、原始時代からやり直すかどうかという、まさに瀬戸際の時代を迎えているともいえるのです。

いたずらに恐怖心をあおろうなどとは、露ほども思っていません。しかし、人類が何世代にもわたって過去に犯してきた過ちを今回も繰り返すことだけは、どうしても避けねばならないと思っているのです。

人類と地球を破滅から救う方法はあると思います。その方法論も、だんだん分かってきました。――中略――

それでは、太陽系、そして地球がフォトン・ベルトの中に入ったら、どういうことが起きるのでしょうか？

いま、その影響ではないかとして、その異常な活動が注目を集めているのが太陽です。太陽の活動は十・八年、ほぼ十一年周期で極大期と極小期を繰り返してきましたが、今回は二〇〇〇年の極大期を過ぎてから、また活動が活発化しているのです。――中略――もし、温暖化の原因が太陽活動の活発化によるものだとしたら、地球の気温は天井知らずに上昇する可能性があります。地球上の生物を焼き尽くすようなことがないとも限らないのです。また、そこまでいかないにしても、荷電《かでん》粒子の衝突によって地球のオゾン層が破壊し尽くされ、X線やγ線が降り注ぐことによって、地球の生命体に壊滅《かいめつ》的な打撃を与えることも十分考えられます。

異常気象の多発はフォトン電磁波の影響？

フォトン・ベルトの影響を受けるのは、太陽だけではありません。地球自体にもさまざまな影響を及ぼすことが予想されます。もうすでに、フォトン・ベルトへの接近によるものではないかと思われる地球の異変が数々報告されています。――中略――

気象庁気候・海洋気象部の「全地球異常気象監視速報（No.170）」では二〇〇三年五月二十八日から六月三日までの一週間の間だけでも、次の表のような異常が報告されています（図表⑥）。

特筆すべきはインドの異常気温ですが、アメリカ東部の異常低温を除き、異常高温が多いのに驚かされます。温室効果による温暖化にしては、異変の規模が大きすぎるような気がします。

――中略――

渡邊延朗さんやエハン・デラヴィさんは、研究者の一致した見解として地球がフォトン・ベルトに本格的に突入するのは、二〇一二年十二月二十二日といっています。

では、そのフォトン・ベルトへの突入の際には、いったいどんなことが起きるのでしょうか。

渡邊さんは、フォトン・ベルトの外側には、エネルギーが圧縮されている「ヌルゾーン」と呼ばれる皮膚のような部分があり、ここに突入する瞬間に一種の電気ショックのような感覚を体験するだろうと彼の著書で書いています。そこではこのヌルゾーンを通過するのに一二〇～

図表⑥ 全球異常気象監視速報(No.170)／2003年５月28日～６月３日

① 中国東北区……異常少雨。平年の30パーセント以下
② モンゴルから中国北部にかけてと朝鮮半島北部……異常高温
③ ボルネオ島からパラオにかけて……異常高温
④ インド南部……異常高温・異常少雨。アンドラ・プラデーシュ州マチリパトナムでは、最高気温45度以上の日が続き、1100人以上死亡。バングラデシュでも約40人死亡。
⑤ ヨーロッパ……平年より２～６度高い異常高温
⑥ ギリシャからトルコ南部にかけて……異常多雨。ギリシャ、キプロス、シリアで平年の４～20倍
⑦ 紅海周辺……異常高温。週平均気温が平年より２～４度高い
⑧ サヘル……異常多雨。平年の４～18倍
⑨ マダガスカル……異常高温
⑩ アメリカ東部……異常低温。平年より４～６度低い。
⑪ アメリカ西部……異常高温。平年より５～８度高い。ラスベガスでは最高気温40度以上の日が続いた。

一四〇時間かかると述べています。

ここで問題になるのがバン・アレン帯で、フォトン・ベルトの中のフォトンとバン・アレン帯の中の陽子や電子が衝突して、バン・アレン帯が破壊されることも考えられる可能性があります。この衝突のすさまじい閃光で、網膜に致命的な損傷を受ける人も出てくることが予想され、この閃光は少なくとも三日間続くというのです。

バン・アレン帯が破壊されると、先に述べたように、地上に有害放射線が降り注ぐことになります。もし、バン・アレン帯の破壊が起きない場合、太陽からの光が地上に届かなくなり、暗黒、極寒の三日間を過ごすこともあり得るといいます。

さらに、突入とともに地球の地殻に圧力がか

かり、地球表層の地殻全体がずれ動くような急速な地殻変動が起きるだろうと予測しています。

これにより、ポールシフト（地軸移動）が起こる可能性が高くなります。

地球では磁気の極性が過去八〇〇〇万年の間に一七〇回以上反転していて、最後の反転があったのは一万二四〇〇年前だということが分かっていますから、地球の歴史上、ポールシフトは決して珍しいことではないのです。

フォトン・ベルト内部はフォトンで満たされている状態ですから、渡邊さんは「まるで電子レンジのマイクロ波で調理される食物に似て、燃えることもなく変化する現象を起こす」（『RESET』より）と述べています。

これはどういうことでしょうか。

渡邊さんは「ヒトはヒトでありながらヒトでなくなる」と表現しています。

そして、このフォトン・ベルトを抜けるには、約二〇〇〇年かかるといわれています。

フォトン・ベルトへの突入によって、何か大きな変化が起きるのは事実のようです。

前述しましたが、より詳しくフォトン・ベルトについて知りたい読者は、以下の本を参考にしてください。

『フォトン・ベルトの謎』(渡邊延朗著、三五館刊)
『RESET』(渡邊延朗著、ガイア出版社)
『フォトン・ベルトの真相』(エハン・デラヴィ著/愛知ソニア訳、三五館刊)

(船井) 渡邊延朗さんとエハン・デラヴィさんの本に謎の風水師Nさんが登場してますが、別名白峰由鵬《ゆうほう》さんと名のっている方がいます。その白峰さんがフォトン・ベルトの本を書いており、その本は2004年の初頭に明窓出版から出ました。題名は『地球大改革と世界の盟主』で、副題は「フォトン&アセンション&ミロクの世・フォトンベルト三部作最終編」となっています。

四―三 神々の世界

(池田)「確かに私の解読法は全面的に正しいとは思っていません。これまで多々間違ってきましたし、最新刊の21ノストラダムスNo.3の内容にしましても、後に間違いでしたと言わないとならない時期がくるかもしれません。しかしだからといって、この種の研究を止めるべきだとの結論には至らないのです。今世界中で起こっている超異常気象について、っていますし、これから……」

預言書にそのことを発見し、発表したのは、私が世界で初めてでした。今、そのようにな

(船井)「ちょっと待ってください。私にはもう一点、田原澄さんの〝洗心〟の話にしろ、一二三朋子さんの本にしろ、どうも気に入らない点があるんです。創造主も神も人間も動植物にも、上下などあるはずがない。だから、本物だったら命令口調などは使わないでしょう。だから私は命令口調が嫌いなんです。何々せよという言い方が気に入らないんです。私に守護神がいるのかどうかは分かりませんが、私は本物と思える存在から、こんな命令口調で物を言われたことが一度だってありません。だから、田原澄さんや一二三さんを指導した方々(神々)に何か異質のものを感じるんです。」

(池田)「神は創造主のことですが」

──と言って私は私の最新刊の本のカバーを指さした。『21ノストラダムス№3』である。この本は印刷が上ったばかりでこの日はまだ書店の店頭には置かれていなかったが船井先生にはすでに送っておいた。そのカバーの中央の球体の集合が創造主の姿である。それはかつて私がオディッセイ・メンバーの一人として神々の世界に行き、創造主の姿を見た、その時の絵である。──

(船井)「あっ、そうだ。池田さんはオディッセイ・メンバーの一人だったんですね」

（池田）「ええ、そうです。マゴッチたちといっしょに宇宙旅行したんです。その時見た神の姿がこれでして、球体がいっぱい集まっていて、一つの大きな球のように見えます。（第一図参照）その中の一つの球体をとりだして見ますと、その中にはさらに四つの球体があります。（21ノストラダムス・シリーズのカバー裏表紙の絵を指差しながら――本著では図―2参照）これが単一の神の姿です。透明のガラスのビー玉の中に四つのカラー球体があるのと同じような感じ。その四つのカラーは他の球体全てがそれぞれ別の色素になっていて一つとして同じカラーのものはないんです。その色の組み合わせが、それぞれの神の性格を現わしています。四つのカラー球体は純粋エネルギーの塊《かたまり》です。それらが何千何万と集まると図―1のように単体の巨大な球体のように見えてきます。つまり創造主とは神々の集合体のことなんです。八百万の神々のこと。創造主は一人ではないのです。しかもこの世界では神が神を生み出しており、減ることはなく、常に増加の一途をたどっています。神々は増えながら、全体として進化し続けています。一つの神と他の神には相反する色素があって対立しているように見えても、全体としては無限の調和と深い愛の波動の中にあるのです。しかも、そこには『完成』はなく、常に進化の状態があるのです。

船井先生にも守護神がおられるはずです。その守護神は大変おやさしく、全てにおいて寛大な神様ですが、その一方において非常に厳しい神もいるんです。それでも、その両方

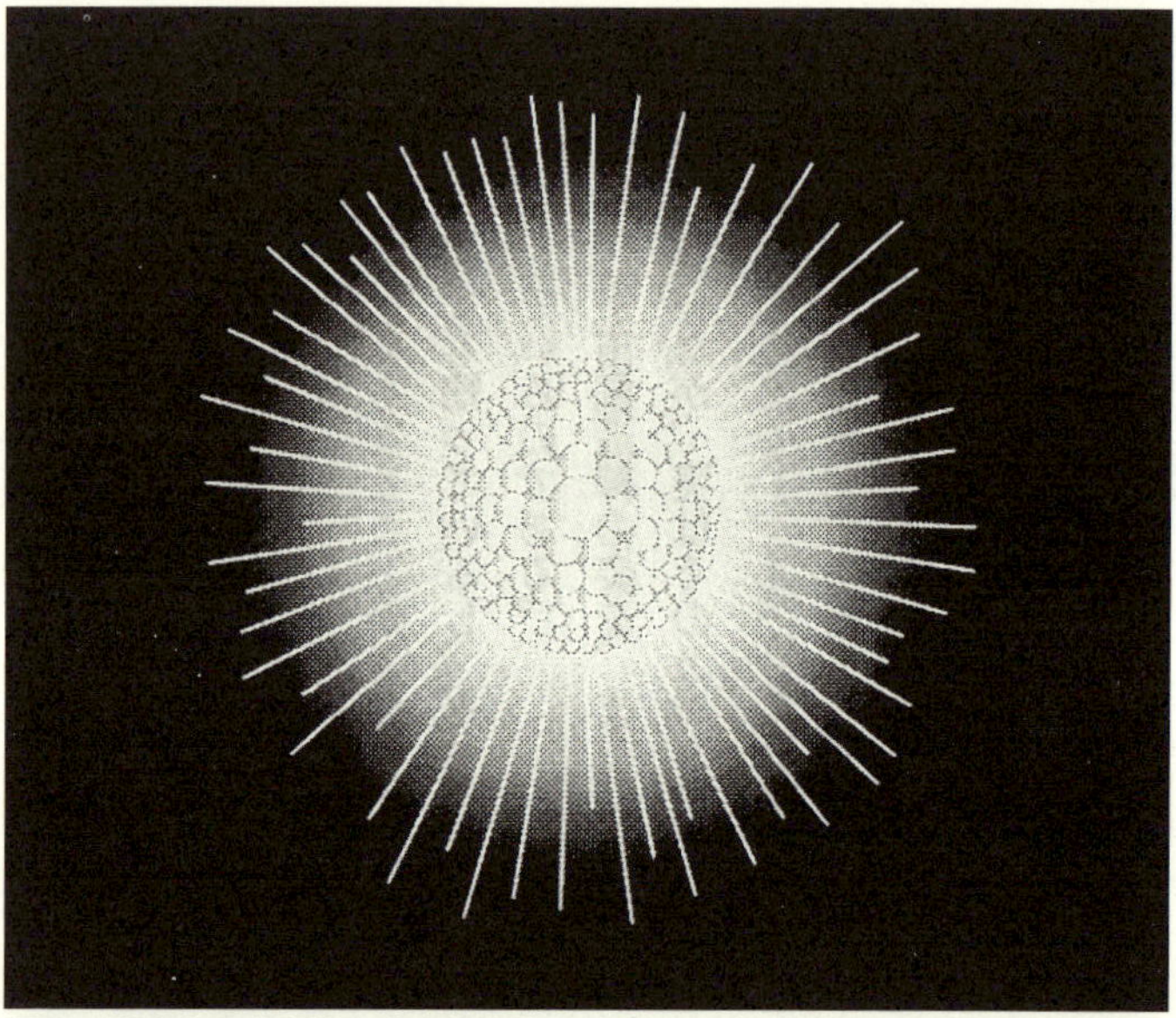

図１　金白色の光を放つ宇宙創造神

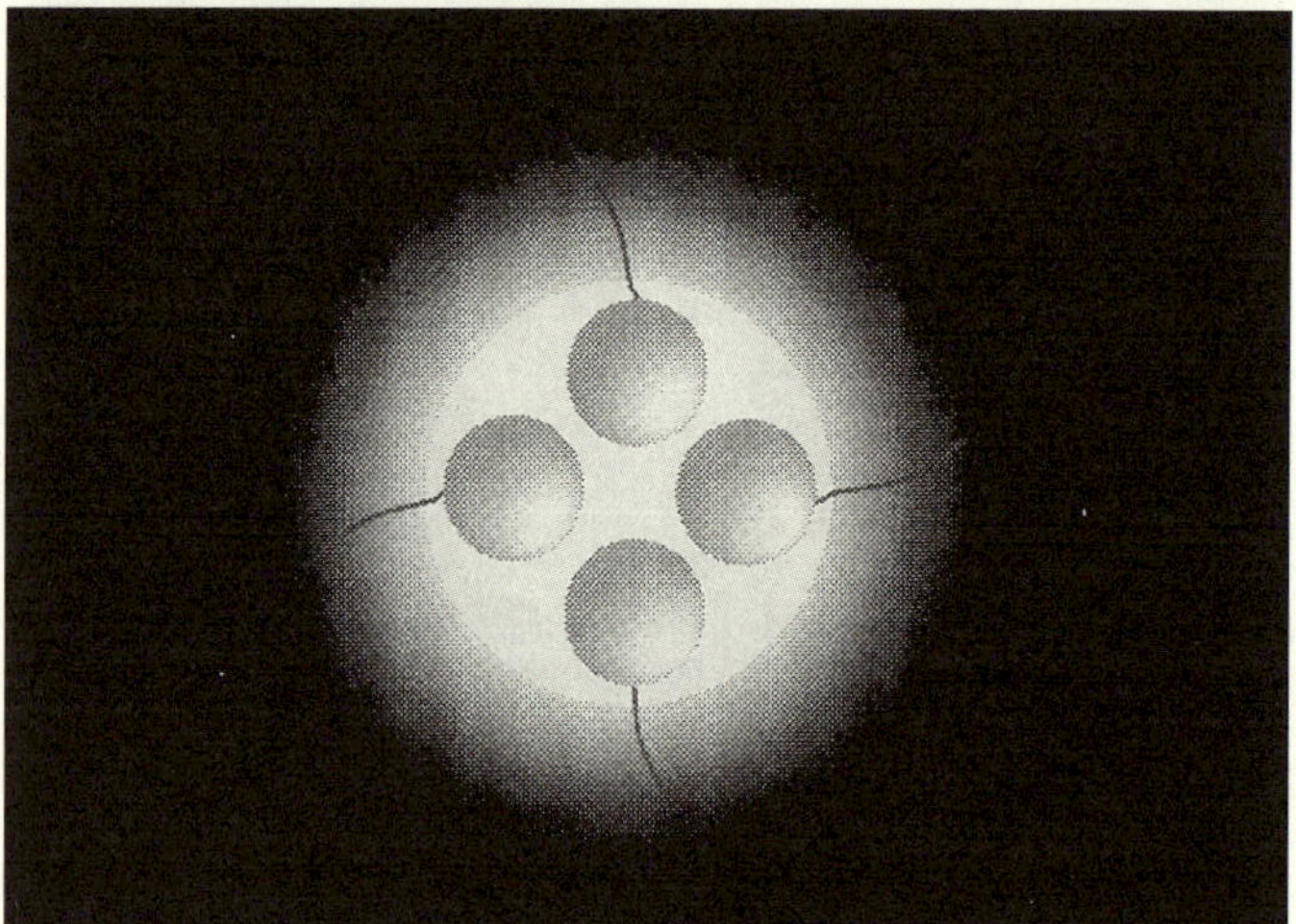

図２　１個の「神の球体」の中には、さらに数個の球体が

の神は共に調和がとれています。田原澄の守護神は天照大神であったことが最近、その文献によって明らかになりました。ザ・コスモロジーが発行した『洗心』という本です。田原澄の魂は天照皇大神《あまてらすすめおおかみ》の分御魂《わけみたま》たる多紀理比売命《たぎりひめのみこと》の分御魂《わけみたま》です。天照皇大神は常に地上を照らし続けなくてはならない役目ながら、人間の身勝手なエゴに欲求不満なんです。こういう場合、天照皇大神の分御魂たる多紀理比売命が天照皇大神の命によって人間にもの申すことになるのです。その口調は厳しくて「汝、洗心せよ」と言うことになります。従って、船井先生が気に入ろうが入るまいがその声は神の声なんです。田原澄は悪魔に取りつかれていたのではありません。創造主は自分に対立する悪魔なる者は創造しませんでした。もし悪魔が存在するとすれば、それは人間の想像物以外の何ものでもないでしょう。田原澄を使ったのは創造主です。天照皇大神も創造主の一球です。須佐之男命《すさのおのみこと》も。この二人の神は兄弟神でしかもその親神は伊邪那岐《いざなぎ》伊邪那美神《いざなみのかみ》と、古事記、日本書紀に書かれています。まさにエネルギーを分割し、神が神を生み出しているのです。神は人間の形をしていません。従って結婚など人間的システムはありません。男女の区別もありませんし、序列もありません。全部球体の光の存在なんです。ただし、人間の形に変化することはできますし、それだけでなく、何にでも変化できます。例えば地球という形にさえなれるんです。伊邪那美神《いざなみのかみ》がそうしたように」。

（船井）「ちょっと待った。私も昔、その件を研究し、どこかにまとめて書いた事があるんだ。特に、イザナギ、イザナミ、ククリヒメは深く調べたんですよ。どの本だったかな」

と言って、船井先生は席を立って書棚へ向かった。イザナギ・イザナミの話を始めたら、船井先生は急にそわそわし始めた。なぜか私は、この日の朝に、故荒深道斉《みちなり》著の『綜合古事記読本（上巻）』の冒頭部分コピーを船井先生の著作といっしょに袋の中に入れていた。そのコピーは書家の山本光輝先生とひふみともこさんが主宰するところの『いろは・ひふみ友の会』のために2003年11月に作成しておいたものであった。『綜合古事記読本』は弘報社から販売されているが、すでに売り切れていると考えられる。なにしろ昭和12年が初版という古書である。船井先生が本棚を探している間も、私はその船井先生の背中を見ながら話を続けた。

（池田）記紀には姫とか彦といった男女をイメージする言葉がいたるところに登場していますが、その漢字は古来から存在していた字ではなく奈良時代以降に中国から入ってきた字体です。古来、言い伝えられていた日本語を漢字に置き換えた時に、本来の日本語が持っていた意味が失われたのです。ヒメとかヒコのヒというのは、光、火、日、陽《ひ》のようにエネルギーを示す言霊《ことたま》なんです。メは芽でエネルギー発芽の状態を現わしています。つまりヒメというのはエネルギー発現の初期状況を示しています。ヒコというのはエネルギーが固まった状態を言います。何のことかと言うと、光のエネルギーを固めて物質の元たるクォークやグルーオンを作った時の話なんです。創造主は最初光の元たる光子を紡《つむ》いで光を作ったんです。その光をさらに紡いでクオーク等をつくり、そのクオークをさらに集めて、物質の素を作っていきました。水素や酸素などの元素です。それらは最初、空間に漂う気体だったのですが、この気体を集めて、銀河の元をつくり、さらにその中に太陽系ができる下地を作り、その中から惑星をも作りました。地球を作ったのはイザナギ・イザナミという名の神ですが、神には本来名前がありません。創造主の一光球だからです。しかしそれだと、万物創生の全プロセスを説明するのが困難なので、便宜的に神々の働きに応じて、そんな名前にしてあるんです」。

——(注)船井先生と私はよく、先生が主催する会合の酒席で、記紀の話をすることがあって、船井先生がそうした話に興味を示すということを知っていた。グラフ社から'93年9月5日付で出版された『幸運と成功の法則』は半分創造主や神の世界の話であり、そのこともあって、この日12月24日は、もしその話になったら、素面《しらふ》の時の話題にしてみようと思っていた。それで、この日の朝、急に思い付いて資料を荷物の中に入れておいたのである。それが、思いもかけず〝本題〟になろうとしていた。私のノストラダムスの解釈などほったらかしになった。——

（船井）「興味のある話だ。続けてください」。

（池田）「昔から、日本には創造主という概念はありませんでした。八百万《やおよろず》の神々がこの世界を作ったという話になってます。それはその通りでして、神々はあくまで複数ですがその総体が創造主なんです。記紀には高天原《たかあめのはら》という言葉が出てきます。この言葉は神社の宮司さんたちが祝詞《のりと》を発声する時によく出てくる言葉ですが、どこかの具体的な地名ではありません。何となれば、天と地がまだ別れていない頃の話だからです。銀河系すら出来ていない頃の神代の話なのに、あたかも具体的にどこかの山や野原を示して、ここがそうだと言う人がたくさんいるのですが、何もワカッテイナイと言わざるを得ません。タカアメノハラは宇宙空間という言霊《ことだま》です。天も地もなかった時には、空間が無限に広がっていました。そこには光の元になる〝光の色素〟が限りなく満ち満ちていました。という話でして、つまり、ビッグバンはなかったのです。その光の海の中に、最初『意識』を持つ球体がいました。真丸の形です。図―2の姿です。プリズムを通過した白い光は七色の色素を持つ光になることはみんな知っていますが、色素はもっと多くあります。ただ人間の目には七色にしか見えていないだけです。七×七＝四十九色か、それ以上あります。真丸の意識体はそういった光の元の色素を糸を紡《つむ》ぐように紡いだのです。するとクォークやグルーオン（陽子と陽子をむすぶ強い力）になりました。これを天之御中主神《あめのみなかぬし》と言います。つまり、天之御中主神とはクォーク等を作り出している神の一つの機能を示しているのです。天之御中主神は創造主の機能の一つのことなのですが、現在、天之御中主神を祀っている神社は全国各地にたくさんあります。そこは創造主を神として祀っているのと同じことになるのです。」

天地初発《あめつちはじめてひらく》るの時、高天原に成りませる神の名は天之御中零雷《ヌチ》神。次に高皇産霊神《たかみむすひのかみ》。次に神《かみ》皇産霊《むすひ》神。比三柱《このみはしら》の神は並独《みなひと》り神成坐《なりま》して、御身を隠し給ひき。

一般的に主という漢字を当てる部分はヌチでヌは無限を意味し、チは命のチでもあり、力《ちから》のチでもある言霊である。すなわち、ヌチは無限の力、イカズチ（雷）のチでもあって、それは電気的力でもある。次に高皇産霊《たかみむすひ》のムスヒはオムスビのムスヒのことで、産《う》み成《な》す力《ちから》の言霊である。物理学上の遠心力、すなわち斥力《せきりょく》を示す。神皇産霊《かみむすひ》は物理学上の求心力、即ち引力で重力子（グラビトン）のことである。こういった力の働きがなければ折角紡いだ素粒子、素子を集めていくことができないのです。

四―四　人は神に非ず

本棚の中のある本を探していた船井先生はあきらめて席に着いた。あいかわらずニコニコとしている。その本は1997年の4月に、私と関先生、マゴッチたちと五反田の船井先生の会長室に行った時にプレゼントされた本のことで、その本の中で、数行書かれていることを私は読んでいた。しかしその本を指さすことはしなかった。限られた時間の中で自分の言いたいことを言ってしまおうと気がせいていた。

暦《こよみ》はカレンダーのことと皆が思っているが、その昔は古世見《こよみ》と来世見《こよみ》があった。来世見は未来のことで、預言のことである。古世見は昔々の物語りで歴史のことである。古事記、日本書紀は日本最古の文献であるがゆえに重要である。そのことについて直感力研究会等では常に話していた。そんなこともあって、記紀の内容について船井先生は違和感をもっておられない。この日もそうであった。

(池田) ノーベル物理学賞は、ビッグ・バン理論に連なる数々の実験や理論に与えられていますが、そのビッグ・バン理論は間違っています。この世は初めもなければ、終わりもない〝生成流転〟する系なんです。初めから広大無辺なる大空間があって、そこは光の元たる光子に満ち満ちていたのです。創造主の意識が、その光子を加工して物質化したのです。最初はそれらは気体として存在しました。その気体を集める作業を次にしたのです。

神の名は、可美天日牙霊神《うましあしかひのかみ》。次に霊凝雷神《ひこちのかみ》。

次に天地《あめつち》初めて判《わか》る時、一物虚中《ひとつのものそらなか》に生《な》れり。状葦牙《かたちあしかひ》の萌騰《もえあが》る如し。之《これ》に因《よ》て化《な》りませる

アシカヒは陰電子、つまり－《マイナス》の電子のことで、ヒコチは陽電子のことである。カビのことではない。天も地もない時に生命体たるカビが存在するはずはないのです。この部分の解説は八幡《はちまん》書店刊荒深道斉著の『古神道秘訣』に詳しいのでここでは省略する。現在も、この本は販売されている。

（船井）荒深道斉という人をちょっと説明しておくべきですネ。

（池田）1871年生まれ1949年没の人で、神から下りてくる言葉によって自動書記をした人です。著書に『神武太平記』があり、この本は弘報社が今でも販売している本です。神武天皇の一代記を書いた本です。八幡書店から出されている本も入手可能です。本がた

くさん残されていますが、古神道の一派を作った方でもあります。しかし後継者は絶えているようです。古事記の話をもう少し続けます。

> 次に天之常立神《あめのとこたちのかみ》。此三柱《このみはしら》の神も亦独《またひと》り神成《かみな》りまして、御身《みみ》を隠し給《たま》ひき。次に天地未《あめつちいま》だ成《な》らず、海上に浮かべる雲の根係《かか》る所なきが如くして、其《その》中に化《な》りませる神の名は國狭津雷神《くにさつちのかみ》。次に國狭立神《くにさたちのかみ》。この二柱も亦独り神にして、御身を隠したまひき。
> 上之件八柱神《かみのくだりやはしらのかみ》は別天津神《ことあまつかみ》

天《あめ》の常立《とこたち》というのは銀河をつくる元となった原素をうず巻状に集めた時の状態をいう。気体としてできた水素他の原素を星雲のように集めたのである。

國狭津雷神は集まってきた気体原素をさらに収縮凝結《しゅうしゅくぎょうけつ》させた時の状態をいう。國狭立神《くにさたち》とは星雲天が収縮凝結する過程において、多くの銀河系に分離していった過程を示している。

以上、未だに天と地が別れていない時の話であり、創造主が銀河系をどうやって作ってきたかというその全プロセスを示しているところである。天と地が別れていなかった時の話であるから、恒星も惑星もまだ生まれていなかった頃、いわば原始宇宙の一件である。

従って、生命もまだ存在していなかったのであるから、人間の原型すら作られていなかったのである。つまり神は人型になっていない頃の話である。その姿は球体の光の存在であった。古事記、日本書紀を編集した方は、この時すでに、伝えられてきた話が何のことか理解できなかったらしい。奈良時代のことである。創造主がこの世を作ってきた全プロセスについて、理解できないままいちいち、何々の神と神の名をつけ、しかも人間の形をあてはめて物語を書いてしまったのである。それ以降の人々が間違えて解釈するのはあたりまえというわけである。

> 次に國稚《くにわか》く浮脂《うくあぶら》の如くして、空中に海月《くらげ》なす漂《ただよ》へる時に、化《な》りませる神の名は國之常立神《くにのとこたちのかみ》。次に豊雲野神《とよくもぬのかみ》。此《この》二柱も亦独り神にして、御身を隠してたまひき。

國之常立神《くにのとこたちのかみ》というのは我が天の川系銀河のように、独立した一つの銀河系として星雲がまとまった時の状態をいう。その一つの銀河系の中にさらに太陽系のような集合体をつくる元の形が豊雲野神《とよくもぬのかみ》という状態を示している。

ここまでの間に一〇神の名が語られているが、最初の一球が次々に分身（光）を生みなして多くの神々が生まれ、それぞれ役割を持って作業を進めてきたことがわかる。豊雲野神は次に、伊邪那岐美神《いざなぎみのかみ》を分身として、この地球を固める作業に入るのであるが、その過程においても厖大な神々を生み出し、それらが今、日本の全国各地の神社に祀られているということである。それらの神々は元をたどれば、最初の一球たる大元の創造主から分かれたエネルギー体であることがわかるであろう。また、伊邪那岐、伊邪那美神の親神は豊雲野神で、その豊雲野神の親神は國之常立神であることもわかってくる。しかし、神々の世界においては親子関係はなくて、みんな一列の状態である。人間社会には上下の関係があるけれども、神々の世界にはそういった関係はない。ところで、銀河系は無数にあり、その中に太陽系のような惑星をもつ系はたくさんあるので、神々は無数にいることがわかる。

人間の魂は神々のエネルギー体の分身であって、そこから意識、心、記憶などが生まれてくる。テレパシーや予知などは、魂が本来持っている一つの機能であり、サイキック・パワー、意識の力であるが、魂が本来持っている機能は我々が普段感じているよりも、もっともっと大きな力だと思う。何と言っても、それは神のエネルギーの分身なのであるから。しかしながら、人はまだ神ではない。神は人以上にもっともっと無限の能力を持っている。こういう意味において、人は神ではない。「我は神なり」という御人《ごじん》が大勢、日本のアチコチに出現しているが、私は彼らを「カミナリ族」と称している。神の本当の姿を見たことがない人たちであるから哀れといえば哀れであるが、もし彼らが本当に神の声を聞き、神と話ができるのであれば、とてもとても「人は神なり」とは発言できないであろう。ほんのちょっと神事《かみごと》のまねをしてみて、小さな悟りを得てはいるようだが、勉強不足というほかはない。人間は神ではないのだから、その人間が生きている人間を拝むなど、さらにこっけいである。人は皆、心の奥底に神を宿しているわけであるから、自らの内にその神の存在を自覚すべきである。

四―五　幸せの法則

以下はグラフ社の２００３年９月５日発行の船井幸雄著『幸運と成功の法則』１９５頁から２０１頁の記述である。

「あの世」こそ私たちの故郷

あなたの本質は、内容ではなくその中に入っている魂なのです。それはサムシング・グレートの分身といってもいいものなのです。

私たち人間の本当の故郷はあの世で、この世は魂＝本質が勉強する学校のようなものなのです。――中略――

ともかく、ここで知ってほしいことは、
① われわれの本質＝真の自己は、世の中のすべてをつくり、運営している存在＝サムシング・グレートの分身である。
② サムシング・グレートを含めて世の中のすべての存在が生成発展するように世の中の仕組みはつくられており、肉体の中に、われわれの本質である魂が入って修業するという仕組みや、輪廻転生の仕組みも、その一つとしてある。
③ われわれの本質＝自分の本質＝真の自己はサムシング・グレートの分身であるだけに、すべてを知っている。
この本質と対話できるようになると、すべてがわかるようになる。

対話の仕方はいろいろある。瞑想などによって対話するのが一番よいという人もいるが、人間の場合、人間性が高まると、本質との対話が可能になるようだ。これはテクニック以前の問題といえる。

④人間性を高める方法はいろいろあるが、最終的には「自他同然の自分」になればよい。これは、人生というものは、自分にも他の存在にも同じように対処できる自分になれるように、努力するのが正しいということのようである。

⑤われわれの本質は、サムシング・グレートの分身であり、何でも知っている不死の存在なので、そのことを充分に納得し、「本質との対話」を目ざし「自分のあり方」「自分の道」などを正しく知ったほうが効率的に生きられる。また、これが正しい。しかし、そのためには、できるだけ「自他同然の自分」に近づかねばならない。これが「人生の目標」ともいえそうである。

これからの世の中

人間はこれから本当の意味の自然の摂理に向かって進むようになるでしょう。

実は、もう進みはじめているのです。

①競争は急速になくなるほうへ進みます。共生の時代が来るでしょう。

②人たちから嫉妬心が急速に消えていくでしょう。人たちが心底から他者の幸せを喜ぶ世の

中になるといえます。
③秘密や策略もなくなり、あけっぱなしの世の中になっていくことでしょう。
④人々が浪費をしなくなります。自然の摂理はムダをしないことです。浪費を奨めないと存在しえないという社会システム＝資本主義などは大きく変わるでしょう。
⑤世の中はアナロジーになっています。連続しています。究極的には、すべてが一つの存在なんです。したがって、自然の摂理に従ってこれから地球上のすべてが融合の方向へ向かいます。
決して分離やデジタル化を正しい方向だと思ってはいけません。

派閥《はばつ》をつくるとか組織化、ネット化は、デジタル化とともに、これから、しばらくの間は勢力を増すでしょうが、それらは、ともに永続可能な仕組みでないだけに、人たちが、よい世の中をつくるための一つのプロセスの中での出来事ととらえてください。これらを永遠のもの、絶対のもの、良いものとは思わないようにしてください。
⑥金銭は、人間が見つけたすばらしい発明ですが、「金銭がすべて」という価値観は、急速に崩れるでしょう。人間にとって「幸せ」のためには「調和」や「融合」や「自由」のほうが、金銭よりもはるかに大事です。

おおよそ以上のような方向に、世の中は急速に変化していくと思います。これから二十年も経てば、私たちの住む世界は大きく変わっているでしょう。

（船井）ところで池田さん、〝洗心〟の項目にある〝正しく〟の意味は何ですか。

（池田）世の中で一般的に言われている、正しい仕事とか正しい行いといっている〝正しさ〟は全て相対的な話ですね。人間社会では例えば60億の人間が居るとして、60億通りの正しさを皆んなが考えているということなんです。そうすると無限の正しさが存在しているということになります。

ここに一本の大根があるとしますね。その大根をどこでもいいからどこかで真二つに切ったとしましょう。その右側が正しい大根で左側が間違っている大根だと、互いに言い合っているのが人間社会の〝正しさ〟なんで、でも大根はどこを切っても大根なんです。

ほんとうの〝正しさ〟は神の示す方向のことなんです。神の示す方向とは、無限の愛と調和と進化の方向性のことです。幸せとは神と共にあれ、ということです。

ここに一冊の最新刊があります。

――と言って私は最近たま出版から出された山咲梅代著『ハピネス講座』を船井先生に差し上げようとした。すると――

（船井）ああ、その本ならもう読んだよ。池田さんと関先生がいっぱいでてきますネ。

（池田）エエッ！　もう読んでおられるのですか。

（船井）そもそも池田さんと、この著者の関係はどうなってるんですか。

（池田）著者は、関先生がまだ非常にお元気だった頃に加速学園に現われました。ごくごく一般的な専業主婦といった感じで、まだ小学校に行く前の小さな女の子を連れていました。ですから加速学園の非常に古いメンバーです。サイ科学会でもアレコレ活躍しておられました。関先生の大ファンなんですが、船井オープン・ワールドには常々参加しておられました。本著の第一章に登場してきた「一通のＦＡＸ」の送り手はこの山咲梅代さんでした。そこからこの対談の話が始まったんです。

（船井）アッ、それで私の話がでてくるんですね。

（池田）はい、そうです。船井先生の大ファンなんです。船井先生の本は皆読んでるみたいですよ。

（船井）こういう人がいっぱいでてくる必要があるんです。そうだなあ……。一万二千人ほど必要だな。そうすれば日本は救われるはずなんだ。

（池田）その救われる件について、もう一言付け加えないとならないんです。例のノーヴァ・テラに一時避難するというマゴッチの話なんですが。

半信半疑です。

（船井）アッ。忘れてた。その話があったんだネ。私は『深宇宙探訪記』には正直なところ、半信半疑です。

――時計を見るともう3時を少し廻っていた。対談を始めてから2時間がアッという間に過ぎていた。――

（池田）今回は、このあたりで充分と思いますがいかがでしょうか。

（船井）そうだね。ちょうど3時だし、お茶にしましょう。

――そう言って、先生は御自身の机に向かった。受話器をとった。そして秘書に言った。――

（船井）オーイ、お茶を持ってきてくれ。ああそうだ。4時から仕事を入れてくれ。それから、明日もだ。対談は終わった。仕事を入れてくれ。

――終り――

あとがき　池田邦吉

対談は正味三時間であった。しかし、その前に七年間という長いおつき合いがあった。最初、私のことはノストラダムスの預言書の研究者ということで紹介された。会うとすぐに神々の世界やら魂の話しになった。船井先生は京大卒、私は東工大卒でどちらも宗教とは縁がうすい。関係ないと言ったほうが正確である。神々の世界を話しはするが、二人とも未だに宗教的活動はいっさい行っていない。一般的な人々と同じように、神社や寺に参拝はするけれど、それ以外の何ものでもない。世間的な常識的行動の範囲にとどまる。

ところが不思議なことに、会うと神々の世界の話しかしない。そこに興味があるからとしか言いようがない。おそらく魂どおしの結ぶ縁なのだろうと思う。話の目的は、神々のことではなくて、現世においていかに生きるべきかということに尽きる。仕事上の件やビジネスの話はしたことがない。

船井先生はビジネスで大成功を納め、超リッチである。億ション、都会のド真ん中に住んでおられる。一方、私はと言うと、文字どおり、作家貧乏をとことんなめつくしている。日々、お金がない。売れない作家と自ら決めこんでいる。本が売れないので印税も入ってこない。それどころか本を一冊書き上げるごとに大赤字になる。それでも預言書の研究は、まったくあきらめることなく続けている。いったいどうやってこの数年間メシを食ってきたのかと周囲は訝《いぶか》しく思っている。「三度のメシはきちっと食べてるよ」といつも答えることにしている。そのメシはいったいどうやって買うのかと質問の主たちは言いたいのだろう。その質問には一切答えないことにしている。

胸の内で答えはこうである。「神様が生かしてくれているのだ」と。米も何もかも神様が寄ってたかって支援してくれているのだと言いたいのだが、世の中は信用しないに決まっている。神様がくれるお金は現金出納帳には記載されていない。記載しようがない。

'99年に何も起こらなかったので、ノストラダムスの預言はインチキだと人々は思うようになった。そのせいで出版しても本は売れない。世界中の研究者がノストラダムスから手を引いてしまって、今残っているのは私一人である。だからこそ続けている。つまり絶滅種である。物好きなんではなくて、２月６日生まれの日本人がこの預言書を解くとノストラダムスの詩に書かれているからである。私は１９４７年２月６日生まれである。天命というべきか、これが仕事なのだと決めている。

２００４・１・15記

参考文献

『断末魔の資本主義』船井幸雄（徳間書店）
『この世の役割は人間塾』船井幸雄（ビジネス社）
『幸運と成功の法則』船井幸雄（グラフ社）
『ちょっと話してみました』船井幸雄・浅見帆帆子共著（グラフ社）
『超資本主義・百匹目の猿』船井幸雄（アスコム）
『フォトン・ベルトの謎』渡邊延朗（三五館）
『RESET』渡邊延朗（ガイア出版）
『フォトン・ベルトの真相』エハン・デラヴィ（三五館）
『地球大改革と世界の盟主』白峰由鵬（明窓出版）
『神から人へ（上）（下）』ひふみともこ（今日の話題社）
『神詰記』ひふみともこ（今日の話題社）
『わが深宇宙探訪記（上）（下）』オスカー・マゴッチ（星雲社発売）
『超巨大宇宙文明の真相』ミッシェル・デマルケ（徳間書店）

『セスは語る』ジェーン・ロバーツ著（ナチュラル・スピリット社）
『死後の世界を知ると、人生は深く癒される』マイケル・ニュートン（ボイス社）
『古神道秘訣（上）（下）』荒深道斉（八幡書店）
『神武太平記（上）（下）』荒深道斉（弘報社・FAX03―3502―1355）
『ハピネス講座』山咲梅代・Angel美都子（たま出版）
『洗心（一）（二）（三）』田原澄（ザ・コスモロジー　FAX03―3825―5066）

◎ 著者紹介 ◎

船井幸雄（ふない　ゆきお）

昭和８年大阪府に生まれる。昭和31年京都大学農学部農林経済学科卒業。産業心理研究所研究員、日本マネジメント協会経営指導部長、理事・関西事務所長を経て、昭和45年株式会社日本マーケティングセンターを設立、社長となる。

昭和60年に、社名を株式会社船井総合研究所に変更。平成２年会長に就任。

現在、同社名誉会長兼経営コンサルタント。船井総研グループ総帥。経営コンサルタントとしては、特に経営戦略に強く、顧問先はあらゆる業種、業態に亘り、約5000社を数える。

主要著書一覧

「経営のコツ」「上手に正しく生きるコツ」「超健康のコツ」「本物時代の到来」「この世の役割は『人間塾』」「長所伸展の法則」「本音100％の経営塾」（以上ビジネス社）「波動で上手に生きる」「船井幸雄の『人財塾』」（以上サンマーク社）「すべての答は自分にあった」「断末魔の資本主義」「『日本再生』私のアドバイス」「激変時代の知恵袋」（以上徳間書店）「幸運と成功の法則」「ちょっと話してみました」「上手に生きるルールとコツ」（以上グラフ社）「超資本主義　百匹目の猿」（アスコム）

池田邦吉（いけだ　くによし）

1947年2月6日、東京都生まれ。'69年、東京工業大学建築学科卒業。'87年、一級建築士事務所・（株）アーキコスモを設立。建築家としての道を歩んだことで、物理・化学・地震学など、ノストラダムス解釈には必須の学問が身についた。天文学は子供の頃からの趣味だが、プレート・テクトニクス理論などは、建築をやっていなければ、決して近づかなかった分野である。

ノストラダムスを研究しはじめたのは'87年からだが、'93年になって預言詩の中に自分の誕生日でもある“２月６日生まれ”の者が世紀末近くに『預言書』を解くだろうとあるのを発見、解読に没頭することになる。'95年に『預言書』の原典を入手、飛躍的に解読が進むことになる。

'96年「ノストラダムス研究所」を設立、'03年「21　ノストラダムス　NO１、NO２、NO３」を明窓出版より発刊。

あしたの世界《せかい》

船井《ふない》幸雄《ゆきお》・池田《いけだ》邦吉《くによし》

明窓出版

平成十六年三月二五日初版発行
平成十七年七月二十日第二版発行

発行者――増本　利博
発行所――明窓出版株式会社
〒一六四―〇〇一二
東京都中野区本町六―二七―一三
電話　（〇三）三三八〇―八三〇三
ＦＡＸ（〇三）三三八〇―六四二四
振替　〇〇一六〇―一―一九二七六六

印刷所――株式会社　ナ　ポ

落丁・乱丁はお取り替えいたします。
定価はカバーに表示してあります。

ISBN4-89634-145-7

ホームページ http://meisou.com　Eメール meisou@meisou.com

あしたの世界P《パート》2　池田邦吉著／船井幸雄監修

池田さんは「洗心」を完全に実行している人です。わたしは「人間 池田さん」が、ますます好きになりました。深い魂のつながりのようなものを憶えます。本書は集中力の強い池田さんが、ノストラダムスに集中し、世の中の仕組みや人間のあり方に集中して勉強し、いままでに知り、確信を持ったことを「ありのまま」に記した著書といえます。

—船井幸雄

第五章　うしとらの金神さん（？）現わる・第六章　洗心の道場・第七章　ノストラダムスと私・第八章　洗　心

定価1300円

あしたの世界P《パート》3　池田邦吉著

この本の中には、私が非常に影響を受けた関英男先生のことと、関先生に紹介され、時々は拙著内で記した宇宙学(コスモロジー) のポイントが、あますところなく記されています。関先生が、どうして、あんなにすなおで正直であったか……、その謎が本書ですっかり解けたのです。また関先生と同じくらい、まったく、すなおで正直な人が池田邦吉さんです。本書は、すなおに読むと、非常に教えられることの多い本です。心から「推薦」いたします。

—船井幸雄

第九章　宇宙意識・第十章　超能力・第十一章　あしたの日本・第十二章　洗　心　その二　定価1300円

「地球維新 vol. 3 ナチュラル・アセンション」

白峰由鵬／中山太衵　共著

「地球大改革と世界の盟主」の著者、別名「謎の風水師Ｎ氏」白峰氏と、「麻ことのはなし」著者中山氏による、地球の次元上昇について。2012年、地球はどうなるのか。またそれまでに、私たちができることはなにか。

第１章　中今《なかいま》と大麻とアセンション（白峰由鵬）

２０１２年、アセンション（次元上昇）の刻《とき》迫る。文明的に行き詰まったプレアデスを救い、宇宙全体を救うためにも、水の惑星地球に住むわれわれは、大進化を遂げる役割を担う。そのために、日本伝統の大麻の文化を取り戻し、中今を大切に生きる……。

第２章　大麻と縄文意識（中山太衵）

伊勢神宮で「大麻」といえばお守りのことを指すほど、日本の伝統文化と密接に結びついている麻。邪気を祓い、魔を退ける麻の力は、弓弦に使われたり結納に用いられたりして人々の心を慰めてきた。核爆発で汚染された環境を清め、重力を軽くする大麻の不思議について、第一人者中山氏が語る。

（他２章）

定価1360円

地球大改革と世界の盟主

～フォトン＆アセンション＆ミロクの世～

白峰由鵬（謎の風水師N氏）

今の世の中あらゆる分野で、進化と成長が止まっているように見える。

されど芥川竜之介の小説「蜘蛛の糸」ではないけれど、一本の光の糸が今、地球人類に降ろされている。

それは科学者の世界では、フォトン・ベルトの影響と呼ばれ、

それは宗教家の世界では、千年王国とかミロクの世と呼ばれ、

それは精神世界では、アセンション（次元上昇）と呼ばれている。

そしてそれらは、宇宙、特に太陽フレアー（太陽の大気にあたるコロナで起きる爆発現象）や火星大接近、そしてニビルとして人類の前に問題を投げかけてきて、その現象として地球の大異変（環境問題）が取り上げられている。

四六判　本体　定価952円

「大きな森のおばあちゃん」 天外伺朗

絵・柴崎るり子

象は死んでからも森を育てる。
生き物の命は、動物も植物も全部が
ぐるぐる回っている。
実話をもとにかかれた童話です。

定価 1000円（本体）

「地球交響曲ガイアシンフォニー」
龍村 仁監督 推薦

このお話は、象の神秘を童話という形で表したお話です。私達人類の知性は、自然の成り立ちを科学的に理解して、自分達が生きやすいように変えてゆこうとする知性です。これに対して象や鯨の「知性」は自然界の動きを私達より、はるかに繊細にきめ細かく理解して、それに合せて生きようとする、いわば受身の「知性」です。知性に依って自然界を、自分達だけに都合のよいように変えて来た私達は今、地球の大きな生命を傷つけています。今こそ象や鯨達の「知性」から学ぶことがたくさんあるような気がするのです。

「花子！アフリカに帰っておいで」

「大きな森のおばあちゃん」続編　天外伺朗　絵・柴崎るり子

山元加津子さん推薦

今、天外さんが書かれた新しい本、「花子！アフリカに帰っておいで」を読ませて頂いて、感激をあらたにしています。私たち人間みんなが、宇宙の中にあるこんなにも美しい地球の中に、動物たちと一緒に生きていて、たくさんの愛にいだかれて生きているのだと実感できたからです。

「どこかに行けば、ほんとうにあんな広い草原があるのかしら？　象がくらすのは、ああいう広い草原が一番いいんじゃないかな。こんな、せまい小屋でくらすのは、どう考えてもおかしい…」遠い遠い国、アフリカを夢見る子象の花子は、おばあちゃんの元へ帰ることができ るのでしょうか。　定価　1000円（本体）